1896—2016

北京交通大学120周年校庆

世紀交大

主 编 高福廷　　副主编 蓝晓霞 宫 宇

北京交通大学出版社

· 北京 ·

内 容 简 介

2016年迎来北京交通大学120周年华诞，学校特做《世纪交大》画册以资纪念。

画册共分四个部分：第一部分——非凡出世，百廿其衍。记述北京交通大学从无到有，伴随国家与民族复兴的脚步，跨越历史长河展现出的蓬勃发展态势。第二部分——鸿儒成阵，精英辈出。介绍北京交通大学发展历程中引进和培养的大批优秀人才，展示百年学府的风骨。第三部分——为国建功，砥柱中流。讲述北京交通大学为国家建设、行业腾飞、区域发展所做出的不可磨灭的贡献。第四部分——美哉交大，文化传承。挖掘北京交通大学独具特色的精神文化，展现校园文化的赓续和内涵。

图书在版编目（CIP）数据

世纪交大/高福廷主编. —北京：北京交通大学出版社，2016.9
ISBN 978-7-5121-3007-4

Ⅰ．①世… Ⅱ．①高… Ⅲ．①北京交通大学-校史 Ⅳ．①G649.281

中国版本图书馆 CIP 数据核字（2016）第 198523 号

世纪交大
SHIJI JIAODA

责任编辑：韩素华
出版发行：北京交通大学出版社   电话：010-51686414
　　　　　北京市海淀区高粱桥斜街 44 号   邮编：100044
印　刷　者：北京艺堂印刷有限公司
经　　　销：全国新华书店
开　　　本：285 mm×285 mm   印张：15.3   字数：387 千字
版　　　次：2016 年 9 月第 1 版   2016 年 9 月第 1 次印刷
书　　　号：ISBN 978-7-5121-3007-4/G . 1136
印　　　数：1～2 500 册   定价：298.00 元

本书如有质量问题，请向北京交通大学出版社质监组反映。对您的意见和批评，我们表示欢迎和感谢。
投诉电话：010-51686043，51686008；传真：010-62225406；E-mail：press@bjtu.edu.cn。

世纪交大

北京交通大学 120 周年校庆

北京交通大学

前言
PREFACE

风 正帆悬百廿载，交大无处不飞歌。

从铁路管理传习所到交通大学北京学校、再到北京铁道学院、北方交通大学、北京交通大学，从北平府右街到祖国的西南边陲、再到今日的北京上园村，百余年的风雨兼程和砥砺前行，我们见证了中国交通事业和学校的蓬勃发展。感动于数代交大人挥洒青春建设祖国的高尚情怀，感动于所有珍贵的历史片断，《世纪交大》画册用700余幅图片和文字，刻画出学校的流金岁月和前行步伐，把交大人共同的缅怀、期冀和努力镌刻其中。

画册共分四个部分：第一部分——非凡出世 百廿其衍。记述北京交通大学从无到有，伴随国家与民族复兴的脚步，跨越历史长河展现出的蓬勃发展态势。第二部分——鸿儒成阵，精英辈出。介绍北京交通大学发展历程中引进和培养的大批优秀人才，展示百年学府的风骨。第三部分——为国建功，砥柱中流。讲述北京交通大学为国家建设、行业腾飞、区域发展所做出的不可磨灭的贡献。第四部分——美哉交大，文化传承。挖掘北京交通大学独具特色的精神文化，展现校园文化的赓续和内涵。

120载栉风沐雨，学校秉承"知行"校训，紧紧抓住新中国成立、改革开放、铁路事业大发展、全面深化高等教育综合改革、国家创新驱动战略、"一带一路"战略等重大机遇，认真贯彻党的教育方针，加强党的领导，坚持以人才培养为根本，以学科建设为龙头，以队伍建设为关键，以科技创新平台建设为基础，以深化综合改革为动力，以党建和思想政治工作为保障，学校各项事业发展和综合实力显著增强，办学水平和核心竞争力不断提升，为服务国民经济建设、区域和行业发展做出了积极贡献。

过去的成就动人心弦，北京交通大学已在中国高等教育发展史上留下了浓墨重彩的一笔。今天，我们将这些镜头定格于《世纪交大》画册中，既为庆贺120周年华诞，也为开启学校全面迈向新甲子的新征程。

这本画册铭记着历史，亦将见证着未来。当前，学校已明确对接国家"双一流"建设发展方向，以落实学校"十三五"规划为契机，坚持面向世界科技前沿、面向国民经济主战场、面向国家重大需求，着力自主创新，致力开放办学提升国际影响力，致力培育领军人才引领行业前沿，致力将中国制造标签铭刻于世界版图。北京交大这所百年学府正举棹扬帆，在实现建设特色鲜明世界一流大学"交大梦"的征程中奋力前行。

编 者

2016年8月

I

目录
CONTENTS

领导关怀

新中国成立以来，学校的建设与发展受到党和国家高度重视。许多党和国家领导人直接关怀和支持学校发展，极大地鼓舞了一代代交大人拼搏、奋进。

思源

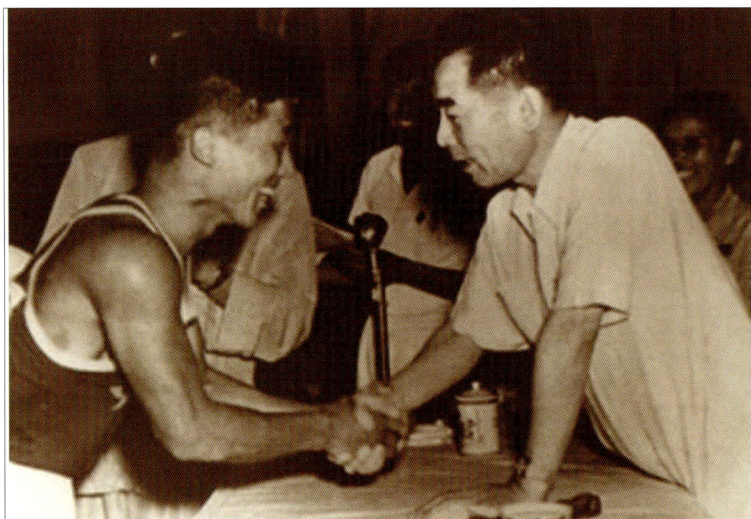

1955 年 8 月 16 日，周恩来总理亲临北京电力高等
专科学校出席全国电业运动会，并为运动员颁奖

1958 年，陈毅元帅和郭沫
若副委员长检阅我校民兵

1979 年，全国人大委员长彭真接见金士宣教授

1955 年 3 月 2 日，铁道部滕代远部长参加我校第一次院务会议

1978 年，全国科技大会期间，邓小平、李先念、乌兰夫等接见茅以升等著名科学家

1991 年 3 月 8 日，全国政协主席邓颖超在中南海接见全国优秀女青年科技工作者代表。邓主席左旁着红衣者为我校青年教师王江燕

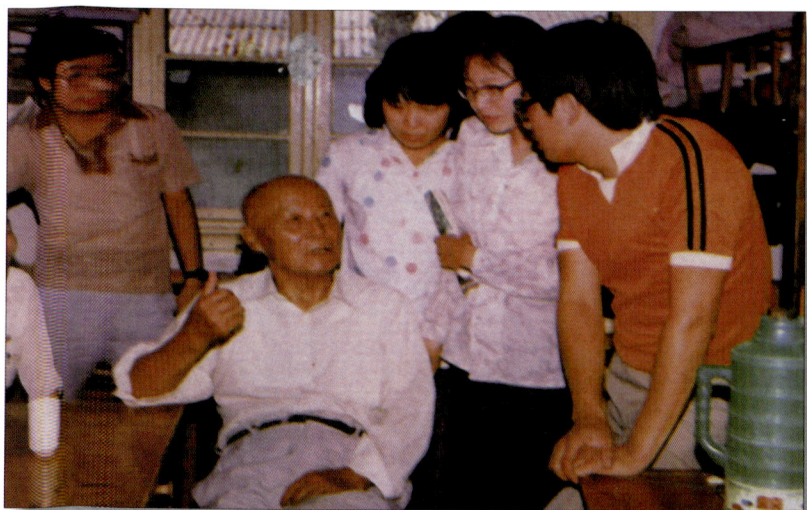

1987 年 6 月，全国政协副主席、我校校务委员会名誉主任吕正操视察学生宿舍

1980 年 11 月，电力工业部部长李鹏视察北京电力高等专科学校

铁路管理传习所创建

作为中国第一所由国家兴办的专门培养管理人才的高等学校，学校诞生和发展与当时国家政治和铁路建设的宏大背景息息相关。20 世纪初，经过声势浩大的保路、护路运动的洗礼，中国政府收回了部分铁路运输管理权，培养中国自己的铁路管理人才成为当务之急。时任邮传部司员的曾鲲化拟就《上邮传部创办铁路管理学堂书》，促成了铁路管理传习所的创建。

上邮传部创办铁路管理学堂书

手者皆以不知管理法之故而鐵路其尤甚也今應力
祛謬見使管理與機械建設並行庶路政前途有廓清
更張之一日查本部所轄學堂除唐山路礦鄭州實業
上海高等實業而外尙有擬辦之郵電學堂此外各省
所辦之鐵路學堂亦不下八九所較諸日本已多至十
倍然專門學問以求精爲要義我國鐵路學堂雖多而
學科優長者實杳不可得蓋無合格之教員使然也司
員以爲宜將唐山路礦學堂專辦鐵路工程科上海高
等實業學堂辦鐵路輪船機械科郵電學問甚淺設傳
習班已足可暫以該學堂改辦鐵路管理科分永久速
成傳習等班永久班六年畢業成高等職員速成班
半年畢業任站長電報旅客貨物等事傳習班半年畢
業分理挂鈎打旗搬聞等雜務一切教員均以本國際
外國鐵路管理或商科畢業生充當俟程度稍高即由
教員帶領往已成各路實地練習似此辦法必可收事
半功倍之效是否有當伏候

鈞裁

司員曾鯤化謹上

从 1876 年（光绪二年）英商擅自在上海修建的江湾至吴淞镇全长 14.5 km 的吴淞铁路始，至 20 世纪初，中国的铁路建设已达到了一定的规模，迫切需要大量管理人才

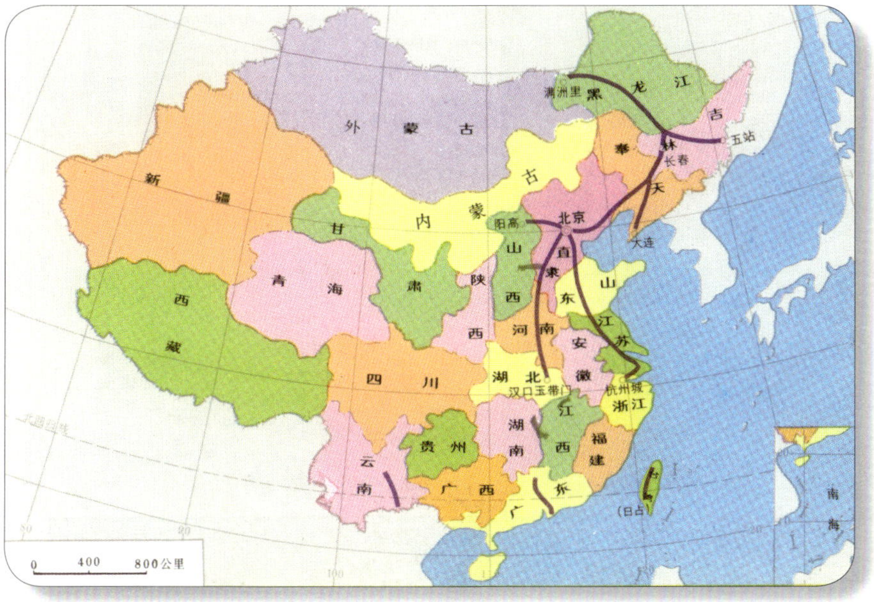

曾鲲化（1882—1926），字抟九，湖南新化人。1901 年在长沙等地求学，以优异成绩获取官费生资格，东渡日本深造。开始志在学陆军，后因受日人所著《支那铁路分割案》一书影响，深受日本以铁路为灭华新策的刺激，决意改学铁路。学成归国后入邮传部，历任司员、交通部统计科长、路政司司长、铁路局局长、交通部参事等职

上郵傳部創辦鐵路管理學堂書

竊維鐵路爲專門學問而管理又爲鐵路之專科其業務內容決非尋常辦事人員所能識其崖略故應以鐵路立國而人皆歸功於勳獨烈美以鐵路強國而人皆歸功於顧裕德日以鐵路興國而人皆歸功於岩倉公何也三子者均以辦鐵路管理學堂有名而其國之路界人員胥由其學堂之所自出者也我國鐵路學堂各省已紛紛創辦然皆以建設機械二科爲限而主體之管理科反漠然置之夫管理者支配鐵路之總關鍵也建設上機械上一切事務莫不賴其指揮調度乃秉路權者辦建設機械而獨不辦管理一科推當事者之用心無非以建設機械有高深之學問而管理一科可以不學而能豈知機械建設爲形勢上之學問盡人易精管理爲精神上之學問非學而才者不能窮其韞奧故無建設機械則鐵路不能成無管理則鐵路不能久況

为了适应当时各路使用不同文字的现状，学校特别重视外语教学，聘请了英国、德国、法国、美国、日本、丹麦等国家的外籍教师用原文教材授课。

鲍德先生　　　　　　　　　　　　浦士先生

史天生先生　　　　　　中山龙次先生　　　　　　伊顿先生

1910 年第一届简易班学生毕业，其中德文班学生被派往津浦路北段各车站工作；英文班学生被派到津浦路南段及京张、京奉、吉长等路车站工作。1912 年 12 月第一届高等班毕业，其中法文班学生被分派到京汉铁路工作；英文班学生被分派到京奉、津浦等路工作。他们是中国自己培养的第一代管理人才。

1912 年首届英文高等班毕业留念

1912 年首届法文高等班毕业留念

交通大学组建

1921 年，叶恭绰任北洋政府交通总长，他基于孙中山先生"交通为实业之母，铁道又为交通之母"的实业救国思想，将交通部属北京铁路管理学校、北京邮电学校、上海工业专门学校、唐山工业专门学校合并成立交通大学，下设交通大学上海、北京、唐山学校，并亲任校长，学校总办事处设在北京。他提出："试以交通大学言之，其创学宗旨为培植技术人才；其已办科目为工程及管理；其教员为宏儒硕彦；其学生为俊髦优秀；其管理师法欧美；其设备酌和中西；其地点为分散；其精神为团结。"

1921年交通总长叶恭绰创办交通大学呈大总统文

交通總長葉恭綽呈　大總統文

竊唯國家實力之展拓以交通之發達爲始基而一切事業之設施尤以人才之適用爲先著是交通與教育二者倚伏相同關係正密伏睹我大總統莅任以來夙以提倡四政注重教育爲政治之鴻謨挈領發皇渙號當務之急莫或逾斯恭綽謬蒙恩遇備位交通竊見近年以來我國交通事業迄無發展其故實由專門人手缺乏不敷應用而專門人才之所以缺乏則實由現有個學校學制之不能統一即教授不能適應而所造就之人才仍不能適如實際上之需要自非妥籌良策改弦更張不足以資整理而圖進步就本部現時教育狀況及所擬改革辦法不憚瑣縷爲我大總統一詳陳之查本部育才經費依八年度計約共支出四十萬元是經費不爲無著上海唐山各有工業專門學校一所北京有郵電學校及鐵路管理學校兩系是機關不爲不備以如此鉅額之歲支供辦理有年之專校而所得人才不敷支配所學技術或不適于應用其根本缺點不外於二端各校散處數地不相連屬當時成立本有後先制度遂多歧異加以歷史上之關係辦法往往殊利弊遂多互見管理既感困難成效遂難預期是組織之無統系一也各校之設立在專長教育之精神一致而學科之分配則情形進謀改革其扼要辦法端在統一學制彼校所設之科彼校所無不必強用乃此校所設之科也設彼校或缺或名詞大學本體爲總攬大學之學府大學分科乃實行教授之機關故大學分科常就適宜之地分建而精神上則統屬於大學本體有預科複設中學既曰專門又附小學主要之學科或略駢枝之學級又增精力既多虛糜教育未能經濟是學科之不聯絡二也細察系統至爲分明責任至爲專一現在上海唐山兩處工業專門學校程度略與外國大學初二年級相當根柢尚固成績頗佳北京郵電學校鐵路管理學校雖範圍較狹亦具有高等專門基礎茲爲統一學制起見擬將該四校校制課程悉心厘定分別改良列爲大學分科而以大學總其成名曰交通大學上海北京唐山四校悉納入焉擬此辦法可望有明晰之組織有一貫之方針一面補前此之弊偏一面圖將來之發展至各校設立有年情形互異應如何因革損益分科各進以省分科之精神以及大學本體應如何聯合組織一收統一之實效自應詳慎審度切實籌商以期折衷盡善藉副我大總統爲國育才之至意業經提交國務會議議決照辦是否有當理合呈請鑒核訓示祇遵

叶恭绰 (1881—1968) 字裕甫，广东番禺人。1901 年肄业于京师大学堂，1907 年任邮传部路政司帮稿、宣传科科长、铁道督办、交通部路政司司长、交通部次长，1920 年任北洋政府交通总长。他先后到美、英、法、日等国考察过铁路建设。他统一了中国铁路会计制度，推行了铁路负责运输和联合运输。他十分重视铁路人才的培养，1917 年将交通传习所改组为北京铁路管理学校与北京邮电学校，亲任两校"总监督"，并主导了交通大学的成立

1921 年 9 月 10 日，交通大学下属三校同时开学，叶恭绰亲莅北京学校开学典礼发表讲话，阐述了他的知行理念和教育革新主张。他对到会的同学们说："诸君修学，当以三事为准衡：第一，研求学术当以学术本身为前提，不受外力支配，以达独立境界；第二，人类生存世界贵在贡献，必能尽力致用，方不负一生岁月；第三，学术独立，斯不难应用，学术愈精，应用愈广。"他还说："学术独立，非与致用分离。方今科学昌明，无处不有学问，小如砌墙运铁，大如行车造路，莫不含有至理，蓄有精义。""研求学术，在人类之虚欲言之，当独立；而在人类之幸福言之，贵致用也。"这是对学校"知行"校训内涵的经典阐述

校舍落成紀念攝景五〇年一月二十日

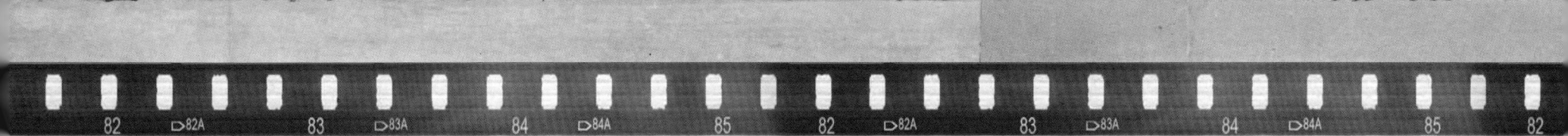

抗战前稳定发展

从 1928 年交通大学二次组建，至 1937 年抗日战争爆发，9 年间，由于政局相对稳定，学校获得稳定发展的契机。特别是 1931 年至 1937 年 "七七" 事变爆发前的 6 年间，院长徐承燠励精图治，进行了全面治理和革新，使学校面貌发生了显著变化。这 6 年，可以说是学校在旧中国发展最好的一个时期，徐承燠对学校的发展做出了重要贡献。

由于国民政府铁道部财政支绌，无法给予建设拨款，1931 年上任的徐承燠院长决心自筹经费。经过五年努力，共筹集 14 万元。经批准，于 1935 年开始拆旧建新，至 1936 年年末，共竣工 5 项建筑，包括课室楼、图书博物馆楼、学生餐厅、男生宿舍楼和女生宿舍楼，使教学环境和校园面貌大为改善。由于有了学生宿舍、餐厅，一改 20 年来学生不能住校的局面。1936 年开始男女学生全部住校，同学们再不用到校外餐馆进食，找私人公寓求宿，生活和学习环境得到了很大的改善

招收女生

1929 年学校决定实行男女兼收，当年招收的
26 名新生中有 6 名女生。

实行"单位制"(即学分制)

徐承燠院长指出"教学管理采用严格主义",要求学生潜心向学,实行"单位制"(即学分制),学期平均成绩以"单位"为依据,各课单位数由学校规定。

单位制举例

学 科	单位数	分数	单位积
国 文	4	85	340
历 史	3	80	240
英 文	6	60	360
数 学	5	90	450
图 画	2	100	200
单位总数	20	单位总积	1590
平均成绩	1590/20 = 79.5		

成立科研所

1933 年成立科学研究所,徐承燠院长兼任研究所主任。

抗战时期坚持办学

1937年"七七"事变后，北平沦陷。在极度困难的情况下，学校首迁湖南湘潭，再转湖南湘乡，三栖贵州平越，四移四川璧山，抗战八年迁徙四次，行程八千余里，途经湘、桂、黔、川四省，历尽艰辛，仍然坚持办学。尽管校舍简陋、生活艰苦，但教学丝毫不放松，教师倾心而教，学生尽力而学，表现出战胜一切的顽强奋斗精神。

1937 年 7 月 7 日卢沟桥事变爆发，北平铁道管理学院因院长暑假回南方，学校群龙无首。关键时刻，英语教师王芳荃挺身而出。1938 年 1 月 29 日，在他的奔走下，取得了张冲（时任国民党组织部副部长）和顾毓琇（王芳荃的学生，时任教育部次长）两位校友的支持，教育部批准学校与早已于 1937 年 12 月在湖南湘潭钱家巷复校的唐山工程学院合并复课

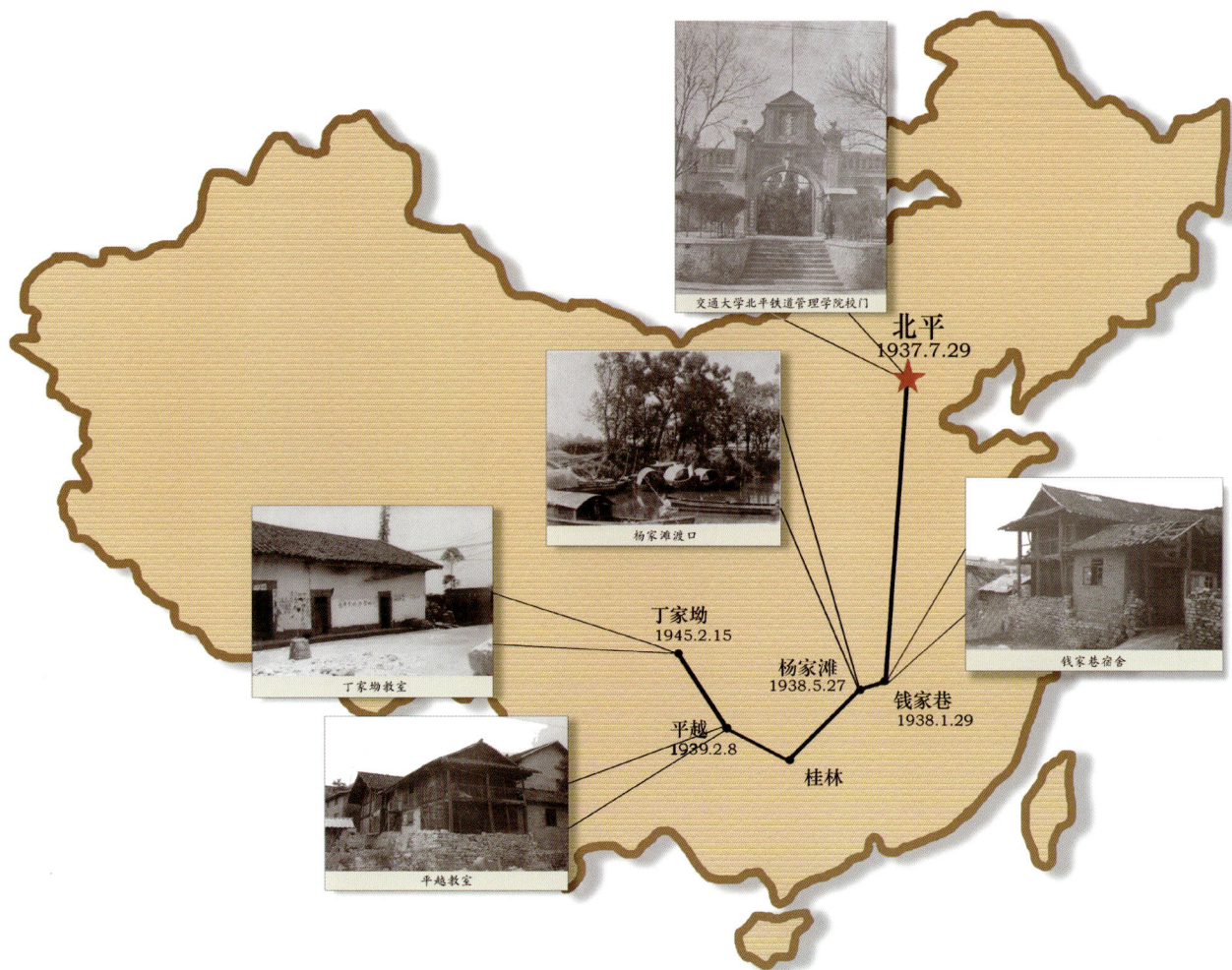

交通大学北平铁道管理学院校门

北平
1937.7.29

杨家滩渡口

丁家坳
1945.2.15

杨家滩
1938.5.27

钱家巷宿舍

钱家巷
1938.1.29

丁家坳教室

平越
1939.2.8

桂林

平越教室

四次迁校路线图

抗日战争期间招生人数			
招生年份	专业名称	学制	人数
1937	铁道管理系	4	33
1938	铁道管理系	4	39
1939	铁道管理系	4	40
1940	铁道管理系	4	49
1941	铁道管理系	4	34
1942	铁道管理系	4	29
1943	铁道管理系	4	47
1944	铁道管理系	4	46
1945	铁道管理系	4	7
	运输管理系	4	21
	财务管理系	4	8
合计			357

管理系同学合影

抗战期间取得的教育成果和高水平的教师队伍是分不开的。如平院的胡立猷、许炳汉、许靖、王芳荃、刘炽晶、程开骝、杜湘、曹丽顺等教授。他们不仅用自己的爱国情怀、坚强意志和高尚情操深刻地感动和影响着学生，而且以一流的学问和创新精神教导学生，使学生们受益终生

迎接解放获新生

1949 年1月31日，北平宣告和平解放，全城一片欢腾。全校师生以无比激动的心情迎接北平解放。从此，学校发展迎来新生，走上了与国家建设同步发展的轨道。

李炳泉（右）、傅作义谈判代表崔载之（中）、"四野"参谋处长苏静（左）
1948年，中共地下党员李炳泉来校任教，同时以《平明日报》记者身份，取得华北"剿总"司令傅作义信任，为北平和平解放谈判牵线搭桥，做出了重要贡献

学生、群众迎接解放

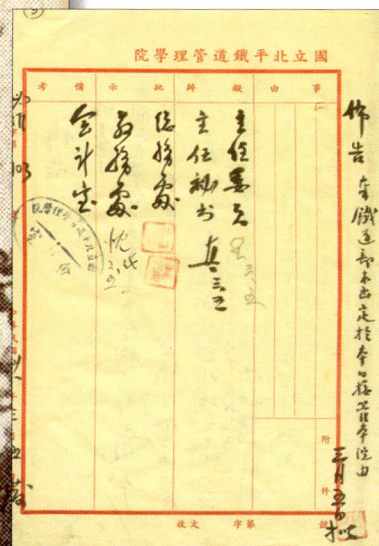

1949 年 3 月 5 日，铁道部军管会派陈武仲为接管委员会代表，正式接管北平铁道管理学院。图为铁道部军管会下发接管通知、召开接管大会

1949 年 7 月 8 日，中国人民革命军事委员会铁道部决定，将北平铁道管理学院、唐山工学院、华北交通学院（原址石家庄）合并组成中国交通大学，下设北平管理学院、唐山工学院，校部设于北平东交民巷 34 号。任命茅以升为校长，金士宣为副校长。1950 年 8 月 27 日，政务院令：中国交通大学更名为北方交通大学。仍隶属于铁道部，正副校长仍为茅以升、金士宣

解放初期之调整

新中国成立之初，在铁道部统一部署下，学校办学经历了一系列重大调整，面貌焕然一新。

1951 年 8 月，根据中央指示，铁道部决定将北京铁道学院李阁老胡同旧址划归中央统战部使用，另给学校拨款以建新校舍。从当年 8 月起先后在西直门外上园村购地 340 亩，经过紧张施工，新校于当年 10 月末建成部分校舍，师生全部迁入新校址，并于 11 月初正式上课

高校（北京铁道学院）院系调整

调整前系、专业	调整后系、专业	调整情况
运输工程系	铁道车务系	电信信号工程系及电信信号专修科调至哈尔滨铁道学院
铁道经济系	铁道商务系	建筑工程系并入天津大学
铁道材料系	铁道经济系	铁道材料系调至唐山铁道学院
电信信号工程系	车务专修科	重庆大学运输系调入本院车务
建筑工程系	商务专修科	天津铁路局中技校材料班调入本院材料专修科
铁道商务系	会计专修科	
车务专修科	统计专修科	
会计专修科	材料专修科	
材料专修科		
俄文专修科		
电信专修科		
信号专修科		

1952 年 5 月，全国高校院系调整，铁道部决定撤销北方交通大学校部，所属北京铁道学院和唐山铁道学院改为两个独立设置的学院，直属铁道部领导。上海交通大学铁道运输系先于 1951 年 7 月调至北京交通大学，北京交通大学电信系调至哈尔滨铁道学院，材料系调至唐山铁道学院，建筑系调至天津大学，重庆大学铁道运输系调至北京交通大学。1953 年哈尔滨铁道学院并入北京交通大学，增加电信系，调整后学校共设有 3 个系 5 个专修科，成为一所以交通运输管理和通信信号为主的专门学院

培养研究生的情况

时间	导师姓名	招生专业	招生人数
1954	奥列什科	行车组织	10
	艾列尔	自动控制	9
1956	马塔拉索夫	货运组织	8
	季米特列夫	运输经济	10
1957	拉普希金	材料技术供应	5
合计	5 人	5 个专业	42 人

1954 年，学校开始招收研究生，运输、经济、电信三个系共招收研究生 19 名，均由苏联专家指导。这批研究生毕业后全部留校任教，在教学、科研工作中发挥了重要作用

陈末（越南）　　　许明旭（朝鲜）　　　张哲（朝鲜）

1954 年 8 月，学校开始接收外国留学生，当年招收越南留学生 1 名，朝鲜留学生 2 名

1966年教师中留苏回国人员名单

科系	人数	留苏人员
运输系	7人	马许 秦作赛 胡安洲 张育升 马志成 蔡道章 武进取
经济系	10人	李金统 潘纪琛 陈景艳 许庆斌 刘瑞林 方举 江嘉言 宋树勋 陆铜驷 慕薇秋 段建科
材料系	2人	朱长富 翁世跃
机、电系	9人	杨超 王雨生 王正宾 王新才 包志国 蒋欣安 郝荣泰 于连成 殷琴芳 屠仁涌
电信系	13人	马桂祥 袁保宗 简水生 汪希时 徐坤生 高继祥 张树京 李承恕 王秉文 吴运熙 姚光圻 黄秀坤 梁晋才 赵存义 李文成 王绍宗 胡先河
土建系	8人	胡竞荣 陈亚涛 阎树春 崔嘉礼 陈秉坤 薛振辉 易大斌 杜斌

1951—1965年赴苏联留学的教师名单

时间	教师名单
1951年	马许、许庆斌、朱长富
1954年	汪希时、梁晋才、王新才
1955年	黄秀坤、刘瑞林
1956年	袁保宗、李承恕
1957年	江嘉言、宋树勋、潘纪琛、于连成、段建科 郝荣泰、陈景艳、简水生、王正宾
1958年	马志成、张树京、赵存义、李文成
1959年	胡安洲、王秉文、武进取、蔡道章
1965年	翁世跃

苏联专家奥列什柯在首届研究生课程设计答辩会上发言

20 世纪 50 年代初，在工业、科技、教育领域全面学习苏联成为我国当时的国策。在教育部号召下，学校全面学习苏联教育经验，进行教育改革，具体包括采用苏联教材，仿照苏联教学计划，聘请苏联专家，选派青年教师赴苏深造等

工管并举方针确立

为适应铁路运输事业发展需要，克服外国办学模式的影响，在深入调查研究的基础上，学校研究提出，从单一管理专门学院办成工、管并举多科性大学。随后学校先后创办机械、建筑、电气化工程等科系。到 20 世纪 50 年代末，学校已建成了 7 个系 15 个专业，实现工科类专业和管理类专业并举格局，为建设多学科性综合大学奠定了基础，对学校发展具有里程碑式的意义。

一九五八年北京铁道学院专业设置

类别	工科类									管理类					
专业名称	铁道信号	铁道有线通信	铁道无线通信	铁道建筑	铁道桥梁与隧道	铁道热力机车	铁道车辆	铁道电力机车	铁道供电	铁道运输组织	铁道运输经济	铁道财务	铁道会计	铁道统计	铁道材料供应

专业设置

1956 年 2 月，在向科学进军的热潮中，学校举行了第一次科学讨论会，发表论文 30 余篇

机械系欢迎新职工大会

建筑系首届毕业生合影

步入重点大学行列

1960 年 10 月 22 日，中共中央决定北京铁道学院为全国重点高等学校，成为全国 64 所重点大学之一。这是学校发展重要的里程碑。

中共中央关于
增加全国重点高等学校的决定

（一九六〇年十月二十二日）

一九五九年三月中央决定设置全国重点高等学校，是在高等教育事业大发展中，为了保证一部分学校能够培养较高质量的科学技术干部和理论工作干部，更有力地提高我国高等学校的教育质量和科学水平。由于两年来高等学校大量增加，中央原定二十所重点高等学校的数量感到太少，为了更有力地促进我国高等教育事业和支援新建高等学校的工作，中央决定再增加一批全国重点高等学校。全国重点高等学校的专业设置不宜过多，各校之间要有适当分工；学校的发展规模不宜过大，应该加以控制；以便集中力量，迅速达到提高质量的目的。

一、原有的全国重点高等学校（校名前画有☆的）和新增加的全国重点高等学校共六十四所，名单如下：

1. 综合大学十三所
☆中国人民大学　☆北京大学　☆复旦大学
☆中国科学技术大学　吉林大学　南开大学
南京大学　武汉大学　中山大学　四川大学
山东大学　山东海洋学院　兰州大学

2. 工科院校三十二所
☆清华大学　☆上海交通大学　☆西安交通大学　☆天津大学　☆哈尔滨工业大学　大连工学院　东北工学院　南京工学院　华南工学院　华中工学院　重庆大学　西北工业大学　合肥工业大学　☆北京工业学院　☆北京航空学院　北京石油学院　北京地质学院　北京邮电学院　北京钢铁学院　北京矿业学院　北京铁道学院　北京化工学院　唐山铁道学院　吉林工业大学　大连海运学院　华东水利学院　华东化工学院　华东纺织工学院　同济大学　武汉水利电力学院　中南矿冶学院　成都电讯工程学院

3. 师范院校二所
☆北京师范大学　☆华东师范大学

4. 农林院校三所
☆北京农业大学　北京农业机械化学院　北京林学院

5. 医药院校五所
☆北京医学院　☆上海第一医学院　☆中国医科大学　北京中医学院　中山医学院

6. 外语学院一所
北京外国语学院

7. 政法、财经学院三所
国际关系学院　北京政法学院　北京对外贸易学院

8. 艺术学院一所
中央音乐学院

9. 体育学院一所
北京体育学院

10. 军委所属院校三所
☆哈尔滨军事工程学院　☆第四医科大学　通讯工程学院

二、全国重点高等学校是我国高等教育的主要骨干，办好这些学校，对于迅速壮大我国科学技术队伍和理论队伍具有重要意义。因此，在高等教育工作中，集中较大力量办好全国重点高等学校，这应作为中央教育部、中央各主管部门和各省、市、自治区党委共同的首要的职责。

除了必须首先办好上述的全国重点高等学校以外，中央各主管部门和各省、市、自治区，还应在自己所属学校中，指定本部门、本地区的重点高等学校，并把这些学校努力办好。

三、全国重点高等学校招生，应保证新生具有较好的政治条件、文化水平和健康水平。

四、全国重点高等学校的名单，供内部掌握，不公开宣布。

附：中华人民共和国教育部关于全国重点高等学校暂行管理办法

"文革"期间坚持办学

1966 年 5 月，"文化大革命"爆发，学校受到了严重破坏，停止招生长达 5 年之久，大批干部、教师受到迫害。在严酷的逆境中，学校办学并未完全停止，仍有部分教师在教学和科研岗位上努力工作，取得了一定的成绩。1971—1977 年，学校共培养工农兵大学生近 1 200 名，坦、赞留学生 200 名，完成多项科研任务。

袁保宗等研制成功的 7311 型数字话音加密机，1978 年获全国科学大会二等奖

电信系教师简水生等与焦作电缆厂合作研究成功当时最先进的新型电缆——内屏蔽对称电缆，1978 年获全国科学大会奖

70 年，根据"大学不能都在北京办"的指示，国务□决定将学校迁往石家庄。铁道部在 1970 年 5 月 28□向国务院呈递的《关于北京铁道学院迁往石家庄的□示报告》中提出，北京铁道学院拟恢复"北方交通□学"校名。6 月 6 日，周恩来总理批准恢复北方交通□学校名。1977 年 10 月，铁道部报请国务院，请求将□方交通大学从石家庄迁回北京并获批准，学校成为□文革"期间外迁的学校当中第一个回到北京的高校

运输系孙桂初等研制的 JHK-1 型晶体管恒温控制器，1978 年获全国科学大会奖

李承恕等研制的无线双工任意选址保密通信系统，1978 年获全国铁路科技大会奖

关英春、马桂祥、张全寿等研制的 BJD-1 型铁路编组站专用电子计算机，1978 年获全国铁路科技大会奖

"文革" 后恢复发展

1977 年 10 月底，全国恢复高考制度。1978 年 2 月，学校第一批 584 名学生入校学习，共设 12 个专业。同年恢复研究生招生制度，学校铁道信息系统与控制等 5 个专业招收硕士研究生 22 名。

1977年本科专业设置

铁道运输系——铁道运输专业
铁道电信系——铁道无线通信专业
铁道有线通信专业
铁道信号专业
铁道机械系——内燃机车专业
铁道车辆专业
机车柴油机专业
机车电传动专业
铁道建筑系——铁道工程专业
电子工程系——电子计算技术专业
数学师资专业（适应社会对师资需要设置的）
物理师资专业（适应社会对师资需要设置的）

77级新生报到

77级新生开学典礼

电子工程系 77 级首届毕业生照

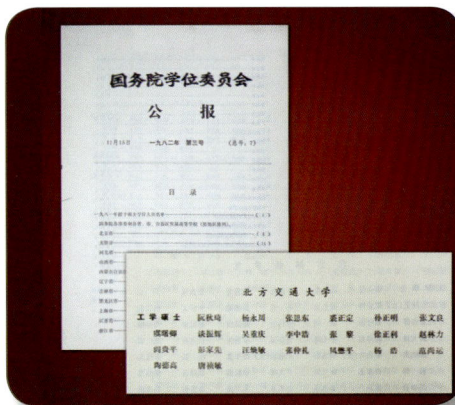

1981 年，国务院学位委员会在人民大会堂为包括北方交通大学 22 人在内的"文革"后第一批硕士研究生授予学位

1978 年研究生专业设置

	专　业（招生人数）	所属系
1	铁道信息系统与控制（14 人）	铁道电信系
2	铁道牵引电气化与自动化（2 人）	铁道机械系
3	运输管理工程（3）	铁道运输系
4	铁道工程（2）	铁道建筑系
5	机车车辆（1）	铁道机械系

晋升教授名单 (一九七九年)	
姓　名	单　位
叶　杭	电信系
李经熙	数理系
陈英俊	土建系
白文禾	土建系
钟桂彤	土建系
余守宪	数理系
殷宗鹞	经济系
何文卿	电信系

恢复教师职称评定

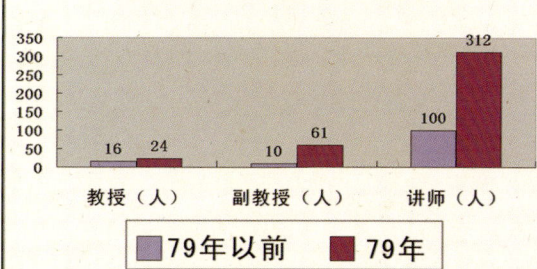

	教授（人）	副教授（人）	讲师（人）
79年以前	16	10	100
79年	24	61	312

自 1976 年起，学校将"文革"期间调出的教职工先后调回 142 人。1980 年教职工人数达到 1 257 人，其中教师 734 人。1979 年恢复教师职称评定工作，当年晋升教授 8 名、副教授 51 名。

1985 年校领导与老教师共庆第一个教师节

"两个中心"办学理念确立

重点大学既是办教育的中心，又是办科研的中心。"在邓小平同志 1977 年 7 月《关于教育工作的谈话》中提出的这一重要思想引导下，学校统一了关于"两个中心"问题的争论，相继成立三大科研所，科学研究工作不断取得新突破。教学工作与科研工作相辅相成，相得益彰，成为开创学校新局面的一种持久动力。

信息科学研究所于 1978 年 10 月成立，创始人为杜锡钰、袁保宗

李洵是简水生教授指导的第一位博士研究生，答辩委员会对他的博士学位论文给予了很高的评价

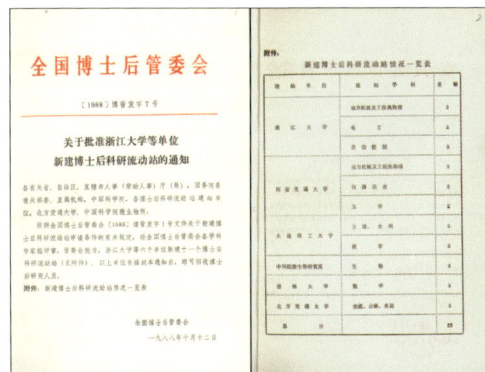

管理科学研究所于 1982 年 5 月成立，创始人为钱仲侯、陈篆生

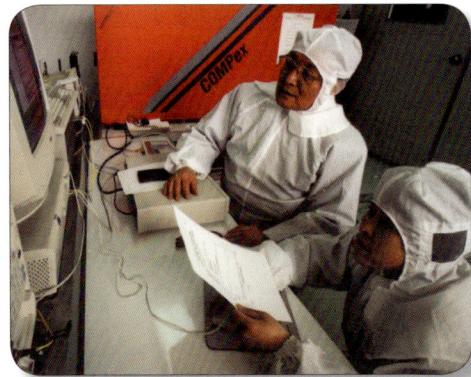

1988 年，学校被批准在铁道、公路和水运（铁路隧道及结构工程专业）建立首批博士后流动站

光波技术研究所于 1987 年 6 月成立，创始人为简水生

1995 年 2 月召开重点实验室建设研讨会

获全国科学大会奖项目

序号	项 目 名 称	奖项名称	获奖等级	课题负责人或参加课题负责人
1	内屏蔽对称电缆	全国科学大会奖		简水生
2	7311-Ⅰ型窄带无线数字加密机	全国科学大会奖		袁保宗
3	8-16米先张法预应力混凝土铁路桥	※全国科学大会奖		翟铭信
4	无缝线路胀轨跑道原因及防止措施研究	※全国科学大会奖		土建系
5	新型架桥机	※全国科学大会奖		机械系
6	JHK-1型晶体管恒温控制器	全国科学大会奖		孙桂初

注：项目名称栏带 ※ 号者学校为参加单位

获全路科技大会奖项目

序号	项 目 名 称	颁奖单位	课题负责人或参加课题负责人	时间
1	JMB-1型不对称脉冲机车信号	全路科技大会	陆祖春	
2	直流脉冲站内轨道电路	全路科技大会	赵昌桂	
3	无线双工任意选址保密通信系统	全路科技大会	李承恕	
4	600/1200比特数传机研制	全路科技大会	孙绍明	
5	铁路顶进式立交桥计算理论与配筋型式的研究	全路科技大会	钟桂彤	1978
6	荧光灯照明用KYB型单管逆变器	全路科技大会	李诗博	
7	ZT-Ⅱ型专用台式电子计算机	全路科技大会	葛乃康	
8	BJD-1型电子计算机	全路科技大会	关英春	
9	ZFX-Ⅰ型电子计算机终端字符显示器	※全路科技大会	武立根	

注：项目名称栏带 ※ 号者学校为参加单位

全国科学大会汇报会

1989 年 12 月 18 日，学校获奖教师代表（胡安洲、张全寿、简水生、费锡康等）出席在人民大会堂举行的国家科学技术奖励大会

深化现代大学治理

学校坚持把提升管理科学化水平作为提高办学实力的重要基础，不断深化学校领导体制和运行机制各项改革，制定大学章程，推进试点改革，逐步形成了党委领导、校长负责、教授治学、民主管理的管理运行机制，有效加强现代大学治理。

新中国成立以来学校领导体制沿革

年份	领导体制	说明
1949·12-1950·8	院务委员会负责制	1949年12月20日，铁道部决定撤销之前成立的院务维持委员会，成立正式的院务委员会，实行民主管理。
1950·9-1957·2	院长负责制	1950年8月教育部颁布《高等学校暂行规定》，规定大学及专门学院实行校（院）长负责制，并在校（院）长下设校（院）务委员会。
1957·2-1958·12	党委领导下的院长分工负责制	根据北京市委的指示，1957年2月起学校实行党委领导下的院长分工负责制。
1958·12-1961·9	党委领导下的院务委员会负责制	1958年中共中央、国务院《关于教育工作指示》规定："在一切高等学校中应实行学校党委领导下的校务委员会负责制"。
1961·9-1966·6	党委领导下以院长为首的院务委员会负责制	1961年9月中共中央批准试行《高校60条》，规定，高等学校的党委是学校工作的领导核心，对学校工作进行统一领导，校长是国家任命的学校行政负责人，对外代表学校，对内主持校务委员会和学校经常性工作。学校实行党委领导下的以校长为首的校务委员会负责制。
1966·6-1978·10	工军宣队指挥部党委与"革命委员会"	1966年"文化大革命"开始，宣布停止党的活动，校党委瘫痪，学校处于无政府状态。解放军、工人毛泽东思想宣传队先后于1968年2月23日和8月14日进校，校领导权由"工军宣队"掌握。成立所谓的以军队、干部、群众三结合形式组成的"革命委员会"，掌握学校的领导权，原有高校的领导体制被完全否定。

新中国成立以来，学校领导体制经历了多次变革，1990年以来，学校始终坚持党委领导下的校长负责制，为学校改革发展稳定提供了坚强体制保障

1986年，学校二届三次教代会审议
《北方交通大学"七五"事业发展规划》

1987年学校成立校务委员会，1999年又
成立咨询委员会

1994年北方交通大学董事会成立，铁道部副
部长傅志寰任董事长

1995年2月1日，
中共北方交通大学七届六次全会召开

2008 年 12 月 12 日，改革开放 30 年以来曾担任过学校正职的 9 位老领导，除已逝世的王见新老校长、因身体原因无法出席的刘圣化老书记外，张树京、陈篆生、万明坤、徐锡安、王金华、张永姓、谈振辉 7 人，与党委书记王建国、校长宁滨一道，回顾和总结学校改革开放 30 年来的探索历程与宝贵经验

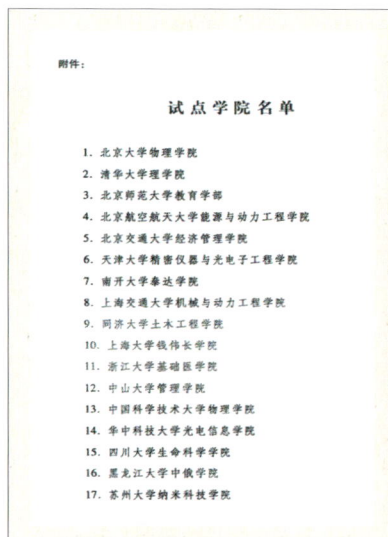

2011年，学校成为全国17所国家教育体制改革试点高校之一

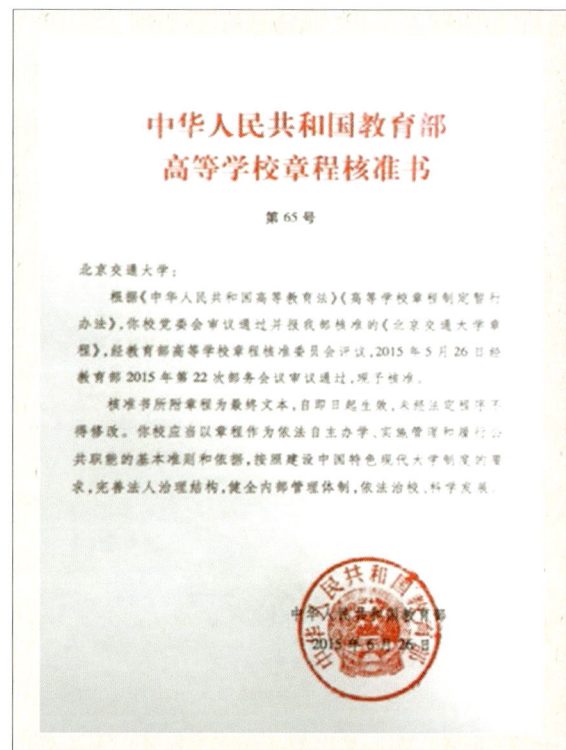

《北京交通大学章程》经教育部高等学校章程核准委员会评议，2015年5月26日教育部第22次部务会议审议通过，自6月26日正式发布生效，标志着学校现代大学制度建设取得重大进展

按照大学科、学科群建立学院制管理体系

学院建制	下属系、所
电子信息工程学院	通信与控制工程系
	计算机科学技术系
	光波技术研究所
	信息科学研究所
	电子电路实验中心
经济与工商管理学院	经济系
	工业与建筑管理工程系
	物资管理工程系
交通运输学院	运输管理工程系
	自动化系统研究所
	管理科学研究所
	应用系统分析研究所
土木工程建筑系	土木建筑工程系
	工程力学研究所
	勘探设计研究院
机械与电气工程学院	机械工程系
	电气工程系
文理学院	数学系
	物理学
	外语系
	人文社会科学系
	思想教育研究室
	体育教研室
	化学教研室

1996年，按照建大学科、学科群、促进学科交叉相关学科共同发展的思路，学校由教学研究型向研究教学型转型，大力推进院系改革：由校、系两级向校、院、系三级和校院两级管理运行机制转变。组建6个学院，同时按照大学科、学科群建立学院制管理体系。经历20年的改革调整，学校目前设有14个学院，设有研究生院及远程与继续教育学院

2000年，学校成立后勤服务产业集团，后勤社会化改革由此拉开序幕

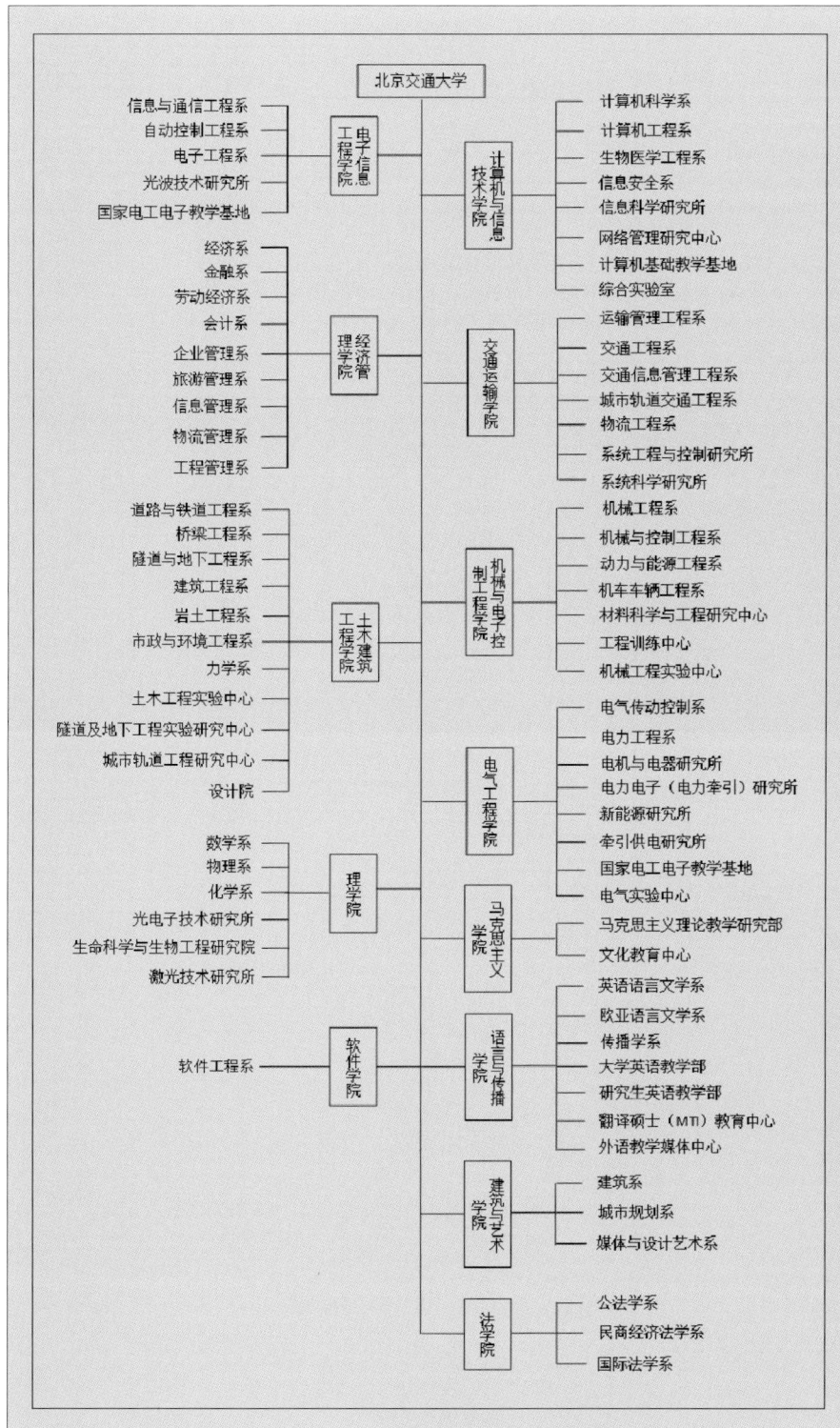

2016 年学院设置表

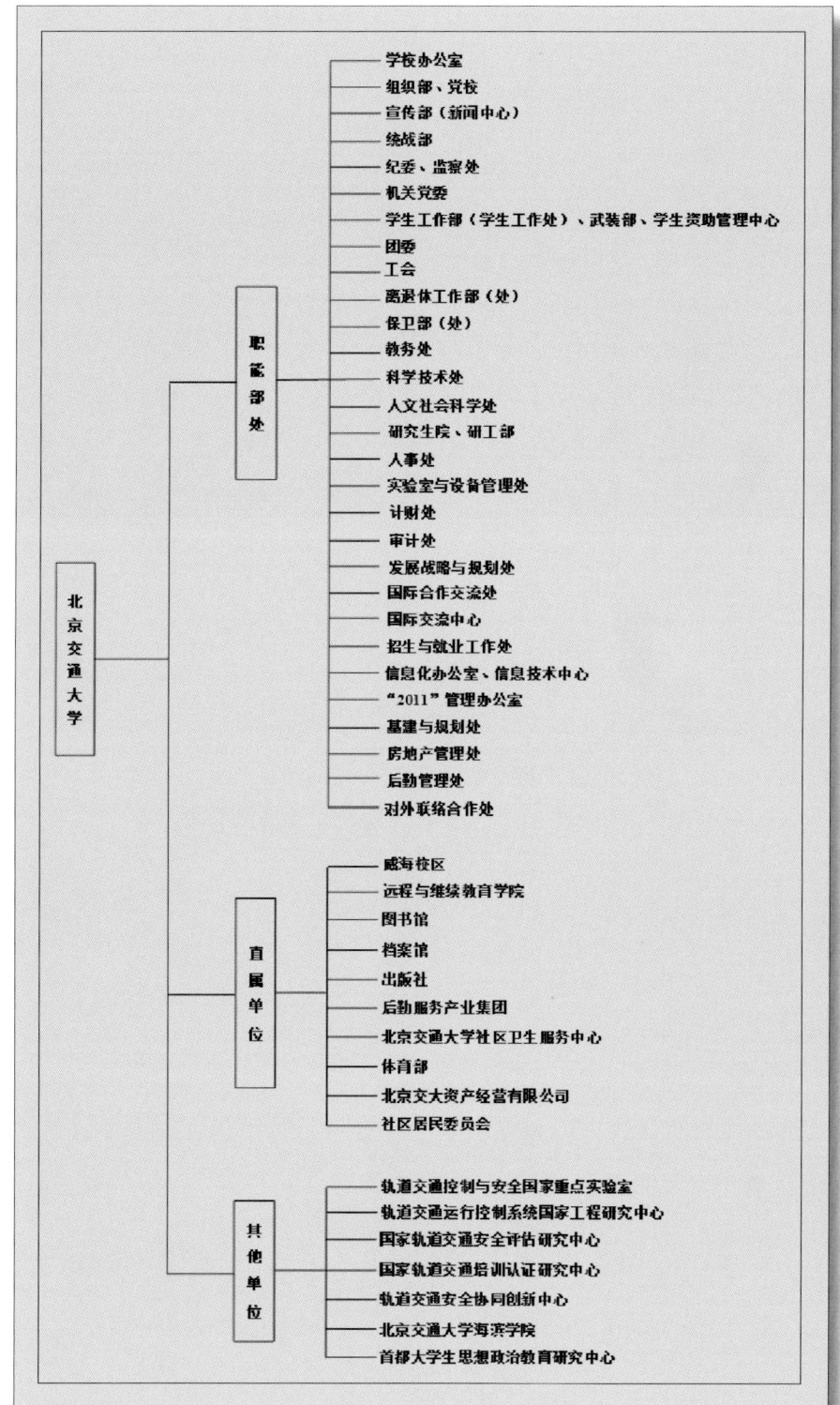

北京交通大学

电子信息工程学院
- 信息与通信工程系
- 自动控制工程系
- 电子工程系
- 光波技术研究所
- 国家电工电子教学基地

计算机与信息技术学院
- 计算机科学系
- 计算机工程系
- 生物医学工程系
- 信息安全系
- 信息科学研究所
- 网络管理研究中心
- 计算机基础教学基地
- 综合实验室

经济管理学院
- 经济系
- 金融系
- 劳动经济系
- 会计系
- 企业管理系
- 旅游管理系
- 信息管理系
- 物流管理系
- 工程管理系

交通运输学院
- 运输管理工程系
- 交通工程系
- 交通信息管理工程系
- 城市轨道交通工程系
- 物流工程系
- 系统工程与控制研究所
- 系统科学研究所

土木建筑工程学院
- 道路与铁道工程系
- 桥梁工程系
- 隧道与地下工程系
- 建筑工程系
- 岩土工程系
- 市政与环境工程系
- 力学系
- 土木工程实验中心
- 隧道及地下工程实验研究中心
- 城市轨道工程研究中心
- 设计院

机械与电子控制工程学院
- 机械工程系
- 机械与控制工程系
- 动力与能源工程系
- 机车车辆工程系
- 材料科学与工程研究中心
- 工程训练中心
- 机械工程实验中心

电气工程学院
- 电气传动控制系
- 电力工程系
- 电机与电器研究所
- 电力电子（电力牵引）研究所
- 新能源研究所
- 牵引供电研究所
- 国家电工电子教学基地
- 电气实验中心

理学院
- 数学系
- 物理系
- 化学系
- 光电子技术研究所
- 生命科学与生物工程研究院
- 激光技术研究所

马克思主义学院
- 马克思主义理论教学研究部
- 文化教育中心

语言与传播学院
- 英语语言文学系
- 欧亚语言文学系
- 传播学系
- 大学英语教学部
- 研究生英语教学部
- 翻译硕士（MTI）教育中心
- 外语教学媒体中心

软件学院
- 软件工程系

建筑与艺术学院
- 建筑系
- 城市规划系
- 媒体与设计艺术系

法学院
- 公法学系
- 民商经济法学系
- 国际法学系

2016 年学院设置表

2015 年学校党政管理机构设置表

北京交通大学

职能部处
- 学校办公室
- 组织部、党校
- 宣传部（新闻中心）
- 统战部
- 纪委、监察处
- 机关党委
- 学生工作部（学生工作处）、武装部、学生资助管理中心
- 团委
- 工会
- 离退休工作部（处）
- 保卫部（处）
- 教务处
- 科学技术处
- 人文社会科学处
- 研究生院、研工部
- 人事处
- 实验室与设备管理处
- 计财处
- 审计处
- 发展战略与规划处
- 国际合作交流处
- 国际交流中心
- 招生与就业工作处
- 信息化办公室、信息技术中心
- "2011"管理办公室
- 基建与规划处
- 房地产管理处
- 后勤管理处
- 对外联络合作处

直属单位
- 威海校区
- 远程与继续教育学院
- 图书馆
- 档案馆
- 出版社
- 后勤服务产业集团
- 北京交通大学社区卫生服务中心
- 体育部
- 北京交大资产经营有限公司
- 社区居民委员会

其他单位
- 轨道交通控制与安全国家重点实验室
- 轨道交通运行控制系统国家工程研究中心
- 国家轨道交通安全评估研究中心
- 国家轨道交通培训认证研究中心
- 轨道交通安全协同创新中心
- 北京交通大学海滨学院
- 首都大学生思想政治教育研究中心

2015 年学校党政管理机构设置表

划转教育部管理

学校自创建起一直是一所由国家相关部门主管的高等学校。百余年来由于政局的变化和体制的变革，学校隶属关系也随之多次变更。2000 年 3 月，学校由铁道部划转教育部管理。

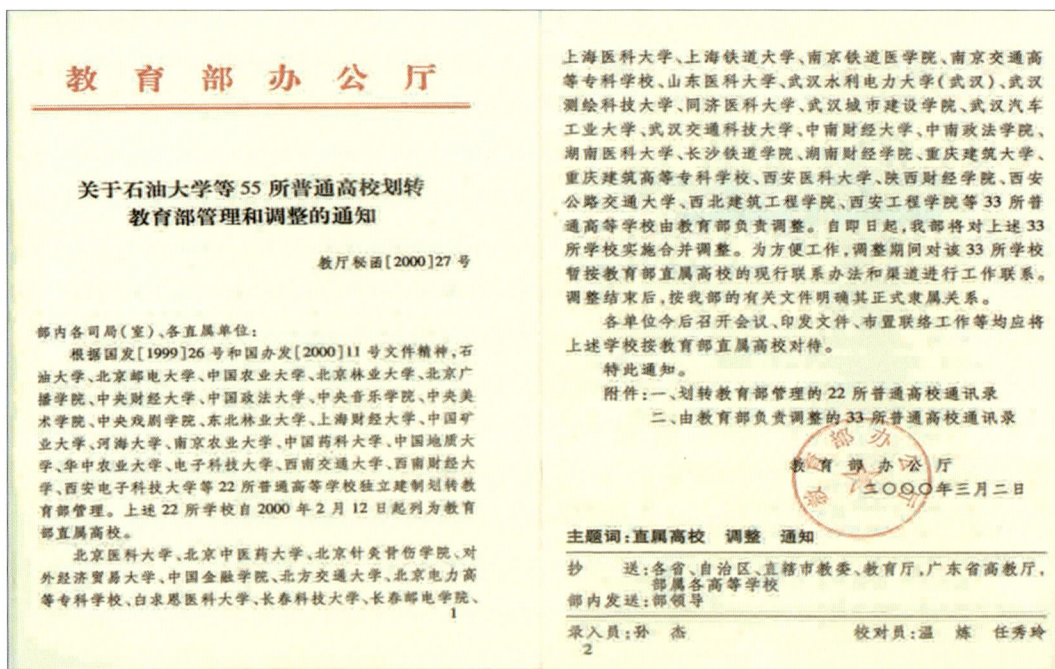

2000 年 3 月，学校由铁道部划转教育部管理的通知

学校隶属关系变更表	
时间	隶属部门
1909—1910	清政府邮传部
1911—1928	北洋政府交通部
1928.6—1928.9	南京国民政府交通部
1928.10—1936	南京国民政府铁道部
1937—1948	南京国民政府教育部
1949—2000.2	中华人民共和国铁道部
2000.3 至今	中华人民共和国教育部

学校隶属关系变更表

2000 年 4 月，北方交通大学与北京电力高等专科学校合并组成新的北方交通大学

2012 年 4 月 26 日，教育部部长袁贵仁、铁道部部长盛光祖、北京市市长郭金龙分别代表教育部、铁道部（后变更为中国铁路总公司）、北京市人民政府共同签署共建北京交通大学协议

矢志建设一流大学

1987 年 7 月，中国共产党北方交通大学第六次代表大会召开。会议通过了"团结起来，为把北方交通大学办成全国第一流大学而奋斗"的报告，报告要求继续坚持"四项基本原则"，继续贯彻改革、开放、搞活的方针，艰苦奋斗，改革创新，勤俭办学，确保学校"七五"规划的实现

2005 年 3 月，中国共产党北京交通大学第九次代表大会召开。会议全面总结办学经验，深入分析面临的机遇和挑战，集思广益，凝聚共识，重点解决了"怎样建设一流研究型大学"的问题，进一步确立了全面建设一流研究型大学的奋斗目标和以"两步走"实现"两个转变"的发展战略

2012 年 4 月 5 日至 7 日，中国共产党北京交通大学第十次代表大会隆重召开。大会提出到本世纪中叶把北京交通大学初步建设成为特色鲜明世界一流大学的奋斗目标，并确立了"三步走"战略

早 在 1983 年，学校就提出了"把北方交大办成全国第一流大学"的建设目标，1984 年学校第五次党代会将"建设全国一流大学"作为大会主题，1986 年学校历史上第一个五年发展规划再次明确了这一目标。在随后的 30 余年里，学校历届党委都把建设一流大学作为矢志不渝的追求。2012 年 4 月，学校第十次党代会提出到本世纪中叶把北京交通大学初步建设成为特色鲜明世界一流大学的奋斗目标。

学校第五次党代会以来的历次党代会
都把建设一流大学作为主题

第五次党代会以来学校历次党代会主题		
届次	时间	大会主题报告
中国共产党北京交通大学第五次代表大会	1984 年 3 月 23 日－3 月 24 日	党委书记刘圣化作题为《坚定不移地贯彻中共十二大精神，为全面开创我校新局面团结奋斗》的工作报告
中国共产党北京交通大学第六次代表大会	1987 年 7 月 14 日－7 月 15 日	党委书记陈策生作题为《团结起来，为把北方交通大学办成全国第一流大学而奋斗》的工作报告
中国共产党北方交通大学第七次代表大会	1991 年 12 月 18 日－12 月 21 日	党委书记徐锡安作题为《加强党的建设，坚定地朝着社会主义一流大学的目标奋进》的工作报告
中国共产党北方交通大学第八次代表大会	1996 年 2 月 29 日－3 月 2 日	校党委书记、校长王金华作题为《致力跨世纪的伟大工程，创建百年新锐的一流大学》的工作报告
中国共产党北京交通大学第九次代表大会	2005 年 3 月 25 日－3 月 26 日	党委书记王建国作题为《树立和落实科学发展观，为全面建设国内一流国际知名的研究型大学而努力奋斗》的工作报告
中国共产党北京交通大学第十次代表大会	2012 年 4 月 5 日－4 月 7 日	党委书记曹国永作题为《抢抓机遇，科学发展，为建设特色鲜明世界一流大学而努力奋斗》的工作报告

中国共产党铁道部党组于 1983 年 8 月 24 日在给北方交大党委《关于内部管理改革方案》的批示中提出："把'北方交大办成全国第一流大学'，这是铁路运输事业发展的需要，也是北方交大广大教职工的共同心愿。北方交大地处北京，历史悠久，基础不弱，具备办成中国式的第一流大学的基本条件。"

加强学科竞争力建设

学校以"211工程"建设为龙头,按照"优势学科发展壮大,特色学科与时俱进,交叉学科异峰突起,基础学科加快发展"的目标,大力推进学科建设。截至2015年年底,学校有交通运输工程、信息与通信工程2个一级学科国家重点学科,产业经济学、桥梁与隧道工程2个二级学科国家重点学科,包括一级学科所涵盖的二级学科国家重点学科总数达到8个。学校连续3年入围"QS金砖五国大学排名"前100名,6个学科先后进入QS世界大学学科排名前400强。

"211工程"一期建设内容	
重点建设学科	铁路运输通信与信息工程 运输自动化与控制 运输管理工程与系统工程 运输经济与物流经济 交通土建工程与环境 交通安全工程(与西南交通大学联合建设)
相关学科重点实验室建设	机车车辆故障检测诊断实验室 电能变换及控制实验室
公共服务体系建设	校园计算机网络中心 文献信息中心 现代教育技术中心 基础课程教学基地与教学实验中心
基础设施建设	光纤技术及铁路应用工程研究中心 工程结构与环境实验室(包括地下实验室) 远程教育教室

"211工程"一期建设内容

1998年8月24日,铁道部正式发文转达国家发展计划委员会对我校"211工程"建设项目可行性研究报告的批复:"根据《国家发展计划委员会关于北方交通大学'211工程'建设项目可行性研究报告的批复》,你校已被批准为'211工程'项目院校,在'九五'期间安排实施。"

夯实本科人才培养

学校不断深化本科教育教学改革，构建了研究型、工程型和复合型三类拔尖创新人才体系，建立了理工融合、科教协同、产学联合、学科交叉四种培养模式，实现了人才培养从单一规格向多元化定位的转变，取得一系列标志性成果。

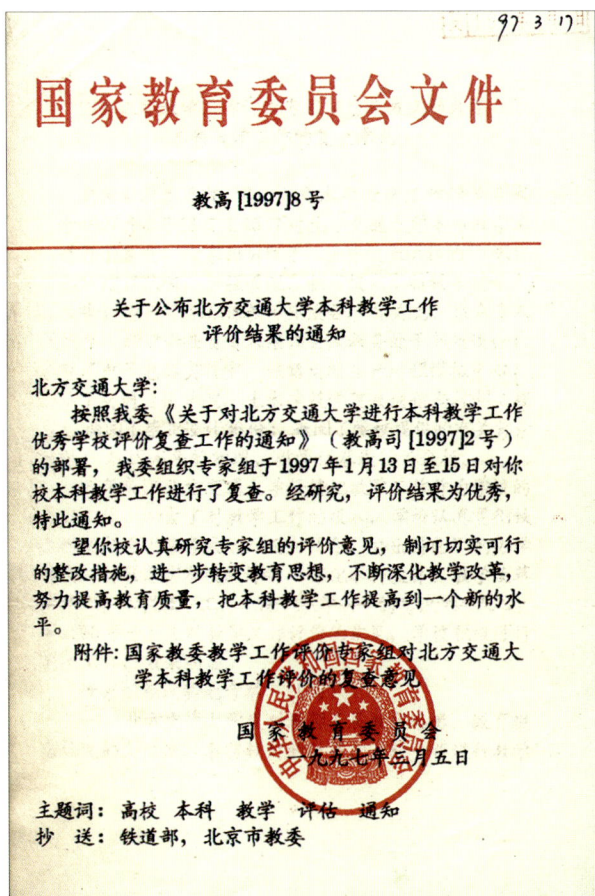

国家教育委员会文件

教高 [1997]8 号

关于公布北方交通大学本科教学工作
评价结果的通知

北方交通大学：

按照我委《关于对北方交通大学进行本科教学工作优秀学校评价复查工作的通知》（教高司 [1997]2 号）的部署，我委组织专家组于1997年1月13日至15日对你校本科教学工作进行了复查。经研究，评价结果为优秀，特此通知。

望你校认真研究专家组的评价意见，制订切实可行的整改措施，进一步转变教育思想，不断深化教学改革，努力提高教育质量，把本科教学工作提高到一个新的水平。

附件：国家教委教学工作评估专家组对北方交通大学本科教学工作评价的复查意见

国 家 教 育 委 员 会
一九九七年五月五日

主题词：高校 本科 教学 评估 通知
抄　送：铁道部，北京市教委

1997年本科教学评估获优秀，2006年学校本科教学评估再获优秀

2001—2014 年获国家级教学成果奖

第四届（2001）

名称	获奖等级	完成人
...件实施 98 跨世纪宽口径人才培养计划，构建创新人才培养体系	国家级二等奖	张星臣 杨肇夏 屈 波 张 樱 张 艺
...路运输模拟实验教学系统的研究与建设	国家级二等奖	杨肇夏 蒋 照 苗建瑞 于 勇 谭立刚
...算机类计算机基础系列课程的建设与改革	国家级二等奖	王移芝 王化深 魏惠琴 赵 宏 许宏丽
电子电路实验系列课程改革	国家级二等奖	李哲英 骆 丽 李晓光 刘元盛 李金平

第五届（2005）

名称	获奖等级	完成人
...创新,建设一流的物理演示与探索实验室	国家级特等奖	王玉凤 成正维 杨更生 薛菊梅 赵 雁
...物、强化实践,全面建设国家工科基础课程物理教学基地	国家级二等奖	成正维 吴 柳 王玉凤 蔡天芳 刘依真
...程建设 深化教学改革提高学生的语言运用能力	国家级二等奖	冀成会 蒋学清 王云彤 李京平 包兰宇
...进课程改革与建设提高"两课"教学实效性	国家级二等奖	林建成 杨 蔚 杨月霞 高志文 魏发辰
...国家重点学科优势建设研究型运输经济学系列课程	国家级二等奖	荣朝和 欧国立 王久梗 刘天善

第六届（2009）

名称	获奖等级	完成人
...家重大需求,培养具有轨道交通特色的创新型工程人才	国家级一等奖	宁 滨 李长春 朱晓宁 张鸿雁 房海蓉
...型软件工程师人才培养模式的探索与实践	国家级一等奖	卢 苇 张红延 赵 宏 李红梅 孙海善 唐振明
开创交互式大学英语教学新模式	国家级二等奖	蒋学清 李京平 邵钦瑜 辛 丁 谷季春
...数博理 学科复合 践实笃行 自主发展	国家级二等奖	王水生 刘 拓 衣立新 陈后金 张真雄
...电工电子课程改革 提高电工电子教学质量	国家级二等奖	陈后金 侯建军 阮秋琦 张晓冬 杜普选

第七届（2014）

名称	获奖等级	完成人
...业特色大学优势，培养轨道交通拔尖创新人才	国家级一等奖	宁 滨 张星臣 房海蓉 聂 磊 朱晓宁 张鸿儒 于双元 戴胜华 有有根 路 勇 刘志明 郭雪萌
...从"要我学"到"我要学"的工科物理教学新模式	国家级二等奖	王玉凤 蔡天芳 吴 柳 盛新志 范 玲

32 门课程评为国家精品课程

评审年度	课程名称	负责人	学院
2003	运输组织学	杨浩	交通运输学院
2003	数字逻辑与系统	侯建军	电子信息学院
2003	信号与系统	陈后金	电子信息学院
2004	大学计算机基础	王移芝	计算机学院
2004	电子商务	张润彤	经管学院
2004	物流学	汝宜红	经管学院
2005	运输经济学	荣朝和	经管学院
2006	大学英语	蒋学清	人文学院
2006	交通规划	邵春福	交通运输学院
2007	计算机应用基础（网络）	王移芝	远程继续教育学院
2007	数字图像处理	阮秋琦	计算机学院
2007	大学物理实验	成正维	理学院
2007	城市轨道交通规划与设计	毛保华	交通运输学院
2008	C 语言程序设计（网络）	赵宏	远程继续教育学院
2008	铁路行车组织（网络）	何世伟	远程继续教育学院
2008	电气工程导论	范瑜	电气学院
2008	大学物理	吴柳	理学院
2008	交通安全工程	肖贵平	交通运输学院
2009	大学英语（网络）	宫玉波	远程继续教育学院
2009	计算机安全（网络）	韩臻	远程继续教育学院
2009	企业物流管理（网络）	赵启兰	远程继续教育学院
2009	软件系统分析与设计技术	卢苇	软件学院
2009	道路交通管理与控制	袁振洲	交通运输学院
2009	桥梁工程	夏禾	土建学院
2010	信号与系统（网络）	陈后金	远程继续教育学院
2010	多媒体技术应用（网络）	赵耀	远程继续教育学院
2010	铁路运输设备（网络）	宋瑞	远程继续教育学院
2010	城市轨道交通系统运营管理	张星臣	交通运输学院
2010	ERP 理论与实践	张真继	经管学院
2010	电子商务系统的分析与设计	刘军	经管学院
2010	工程力学	汪越胜	土建学院
2010	电子系统课程设计	侯建军	电子信息学院

国家精品教材

年度	教材名称	主编
2007	电气工程导论	范瑜
2009	数字信号处理（第二版）	陈后金
2009	电子商务系统的分析与设计（第二版）	刘军 马敏书
2009	西方运输经济学（第二版）	荣朝和
2011	电子商务系统建设与管理	刘军 刘震宇
2011	物流学	汝宜红
2011	列车制动（第二版）	饶忠 彭俊彬
2011	数字图像处理学（第二版）	阮秋琦
2011	集装箱运输与多式联运（第二版）	朱晓宁

国家教学团队

评审时间	名称	带头人
2007	国家工科基础课程物理教学基地教学团队	王玉凤
2008	大学英语课程教学团队	蒋学清
2008	电工电子基础课程教学团队	陈后金
2009	运输经济学系列课程教学团队	荣朝和
2009	计算机基础系列课程教学团队	王移芝
2009	交通工程专业系列课程教学团队	邵春福
2010	软件工程专业教学团队	卢苇
2010	交通运输类专业平台系列课程教学团队	杨浩

时任国务委员陈至立（左）为学校国家级教学成果特等奖获得者王玉凤颁奖

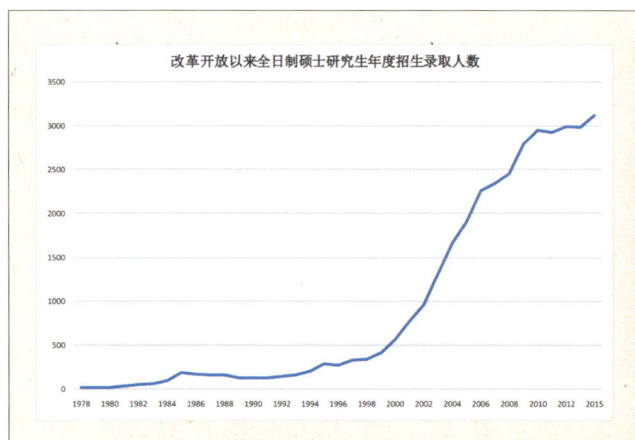
改革开放以来全日制硕士研究生年度招生录取人数

北京交通大学2004年—2014年全日制硕士研究生招生规模

具有一级学科授权的学科一览表

序号	门类代码	学科门类	一级学科代码	一级学科名称	授权类型
1	02	经济学	0202	应用经济学	博士
2	03	法学	0301	法学	硕士
3	03	法学	0305	马克思主义理论	博士
4	05	文学	0502	外国语言文学	硕士
5	05	文学	0503	新闻传播学	硕士
6	07	理学	0701	数学	博士
7	07	理学	0702	物理学	博士
8	07	理学	0710	生物学	硕士
9	07	理学	0711	系统科学	博士
10	07	理学	0714	统计学	博士
11	08	工学	0801	力学	博士
12	08	工学	0802	机械工程	博士
13	08	工学	0803	光学工程	博士
14	08	工学	0805	材料科学与工程	硕士
15	08	工学	0807	动力工程及工程热物理	硕士
16	08	工学	0808	电气工程	博士
17	08	工学	0809	电子科学与技术	博士
18	08	工学	0810	信息与通信工程	博士
19	08	工学	0811	控制科学与工程	博士
20	08	工学	0812	计算机科学与技术	博士
21	08	工学	0813	建筑学	硕士
22	08	工学	0814	土木工程	博士
23	08	工学	0817	化学工程与技术	硕士
24	08	工学	0818	地质资源与地质工程	硕士
25	08	工学	0823	交通运输工程	博士
26	08	工学	0830	环境科学与工程	硕士
27	08	工学	0831	生物医学工程	硕士
28	08	工学	0833	城乡规划学	硕士
29	08	工学	0835	软件工程	博士
30	08	工学	0837	安全科学与工程	博士
31	08	工学	0839	网络空间安全	博士
32	12	管理学	1201	管理科学与工程	博士
33	12	管理学	1202	工商管理	博士
34	12	管理学	1204	公共管理	硕士
35	13	艺术学	1305	设计学	硕士

2005—2015 研究生获奖统计

奖项	2005	2006	2007	2008	2009	2010	2011	2012	2013	2014	2015	合计
国际入围奖	0	0	0	0	2	3	1	0	2	0	3	11
全国特等奖	0	0	0	1	0	0	1	1	1	3	1	8
全国一等奖	0	0	1	1	3	2	4	4	2	1	4	22
全国二等奖	1	1	0	3	3	3	3	4	3	4	6	31
全国三等奖	0	0	1	2	5	2	5	6	6	2	4	33
全国优秀奖	1	1	2	1	1	0	2	0	2	0	4	14
合计	2	2	4	8	14	10	16	15	16	10	22	119

北京交通大学历届全国优秀博士学位论文入选名单

年份	学生姓名	导师	论文题目
2006	孙会君	高自友	流中心选址与库存控制的双层规划模型及求解算法研究
2007	童治	简水生	宽带光纤放大器及其在超长距离 DWDM 系统中的应用
2010	吴建军	高自友	城市交通网络拓扑结构复杂性研究
2011	李政勇	吴重庆	光纤偏振态的高速控制与偏振编码通信
2012	刘玉婷	马志明	网页排序中的随机模型及算法

北京交通大学历届全国优秀博士学位论文提名名单

年份	学生姓名	导师	论文题目
2003	赵瑞锋	谈振辉	无线多媒体网络资源管理的研究
2004	裴丽	简水生	光纤的色散和色散补偿研究
2004	魏际刚	荣朝和	运输业发展中的制度因素研究
2005	蒋海林	谈振辉	无线 ATM 多址接入协议及相关技术的研究
2009	李孟刚	李文兴	产业安全理论的研究
2009	柯燎亮	汪越胜	功能梯度材料的二维接触力学及微动分析
2009	孙运达	袁保宗	多视点非接触式人体运动捕捉的研究
2010	张帆	简水生	大功率光纤激光器的关键单元技术研究
2010	黄振莺	翟洪祥	高速列车受电弓滑板用 Ti3SiC2 系材料的制备与性能研究
2011	许鸥	简水生	基于光纤光栅的光纤激光器、滤波器和倾斜光纤光栅的研究
2012	龙建成	高自友	城市道路交通拥堵传播规律及消散控制策略研究
2013	支瑞聪	阮秋琦	基于谱图理论的人脸表情识别算法研究
2013	谢东繁	高自友	基于微观模型的城市道路交通流若干典型问题研究
2013	张田田	贾力	微通道内气体流动换热的理论与实践研究

截至 2013 年，我校入选全国优秀博士学位论文共 5 篇，提名全国优秀博士学位论文 14 篇，入选北京市优秀博士学位论文 9 篇

强化科技创新能力

学校科技工作落实科教兴国战略，面向国家及行业需求，凝练科研方向，构建创新平台，打造创新团队，承担重大项目，科技成果和奖励显著增加，自主创新能力与核心竞争力不断提升。

科研发展情况表

年＼项目	科研项目数	科研经费（万元）	论文检索情况		
			SCI/SCIE	EI	ISTP
1981–1985	583	397.71			
1986–1990	1396	19933	22	19	38
1991–1995	2085	12957	27	52	111
1996–2000	1939	29764	129	217	290
2001–2005	3438	74722	516	562	848
2006	987	24315	288	332	441
2007	1173	30799	322	456	555
2008	1340	58123	363	568	590
2009	921	61602	348	645	834
2010	1988	62365	387	634	665
2011	2087	66580	420	833	1314
2012	2368	81423	468	897	401
2013	2338	86108	498	884	386
2014	2326	80567	755	1245	508
2015	2113	64238	946	1355	528

中国专利奖优秀奖获奖情况

序号	专利名称	第一发明人	获奖年度
1	低温大直径磁性液体密封装置	李德才	2009年（第十一届）
2	磁性液体密封装置中密封组件的装配方法	李德才	2012年（第十四届）
3	一种实现一体化网络服务的体系结构	张宏科	2015年（第十七届）

1998—2015年国家级科研成果获奖情况

时间	主持或参加国家级项目获奖		
	奖项名称及获奖等级	主持人	参加人
1998	国家科技进步奖二等奖	汪希时	
1999	国家自然科学奖三等奖	高玉臣	
2000	国家科技进步奖一等奖		项源金
2005	国家科技进步奖二等奖		张林昌
2005	国家科技进步奖二等奖		谭忠盛
2006	国家科技进步奖二等奖		谭忠盛
2007	国家科技进步奖二等奖		须德
2008	国家科技进步奖特等奖		李学伟 魏庆朝
2008	国家科技进步奖一等奖		钟章队
2008	国家科技进步奖二等奖		赵成刚
2008	国家科技进步奖二等奖		崔江余
2008	国家科技进步奖二等奖		姜久春
2009	国家科技进步奖二等奖	邱宽民	
2009	国家科技进步奖一等奖		孙守光
2009	国家科技进步奖二等奖		夏禾 张楠
2009	国家科技进步奖二等奖		袁泉 贾英杰
2010	国家科技进步奖一等奖		北京交大
2011	国家自然科学奖二等奖	高自友	
2011	国家技术发明奖二等奖		韩冰
2012	国家科技进步奖二等奖	宁滨	
2012	国家技术发明奖二等奖	李德才	
2012	国家科技进步奖二等奖		王艳辉
2013	国家科技进步奖二等奖		张欣
2013	国家技术发明奖二等奖		吴昊
2013	国家科技进步奖二等奖		刘建坤
2014	国家技术发明奖二等奖	张宏科	
2014	国家科技进步奖二等奖		秦勇
2014	国家科技进步奖二等奖		土建学院
2015	国家科技进步奖特等奖		宁滨

2010 年 11 月，学校召开第九届科技工作会

83家董事单位参与学校建设与发展，与300余家单位与地方政府签署了战略合作协议，开展科研合作近千项

学校依托教育基金会，努力拓展社会资源，推进筹资工作，截至2015年，为学校筹集资金共计6.74亿元

学校将校友视作最宝贵的资源和财富，在海内外成立地方校友会37个，成为联系校友的重要平台

2008年5月，学校与福建祥兴集团在河北黄骅共同举办的独立学院——北京交通大学海滨学院建成并开始招生，校园占地1000亩

提高服务保障水平

学校历来重视后勤服务与保障体系建设，全力提高服务水平，为广大师生营造便捷、安全与和谐的学习工作、生活环境。

学校后勤社会化改革走过了 16 年的历程，坚持围绕学校大局，服务中心工作，做出了重要贡献

学校节水工作成绩显著，名列全国高校前列，连续 16 年获"全国高校节水示范校园"等国家和北京市奖励

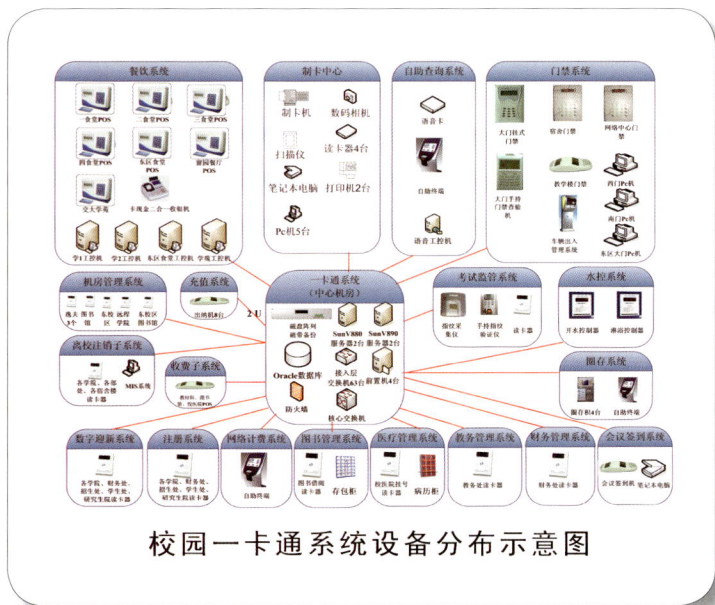

校园一卡通系统设备分布示意图

近年来，学校着力推进校园信息化建设，成效显著。校园一卡通系统成为北京市高校一卡通样板工程之一

学校高度关注学生食品安全与价格稳定，为学生营造良好的就餐环境

校医院每年为教职工提供全面体检，为师生提供周到服务

图书馆纸本藏书 189.62 万册，电子图书等电子资源 257 万余册，网络资源等累计 347.2 万余册

学校出版社在 15 年的创业历程中，探索出了一套适合自身的发展模式，取得了令人瞩目的业绩

近**10**年党建成果与奖励

2006年	荣获"首都文明单位标兵"称号
2006年	2项成果分获北京市高等学校党的建设和思想政治工作优秀成果二、三等奖和创新成果奖
2007年	荣获"北京市高校党建和思想政治工作单项奖"
2008年	3项成果分获北京市高等学校党的建设和思想政治工作优秀成果一、二、三等奖和创新成果奖
2009年	荣获"首都文明单位标兵"称号
2009年	荣获"全国五四红旗团委"称号
2010年	荣获"全国学生资助工作先进单位"称号
2010年	1项成果获教育部高校校园文化建设优秀成果三等奖
2010年	2项成果分获首都大学生思想政治教育工作实效奖一等奖和优秀奖
2011年	荣获"首都精神文明单位标兵"称号
2011年	荣获"全国模范职工之家"称号
2011年	1项成果获教育部高校校园文化建设优秀成果二等奖
2011年	1项成果获首都大学生思想政治教育工作实效奖一等奖
2012年	2项成果获北京市高等学校党的建设和思想政治工作优秀成果三等奖
2013年	1项成果获第七届全国高校校园文化建设优秀成果一等奖
2014年	2项成果分获北京市高等学校党的建设和思想政治工作优秀成果一、三等奖和创新成果奖
2014年	获教育部高校学生资助工作绩效考评全国第三名
2014年	1项成果获首都大学生思想政治教育工作实效奖一等奖
2014年	荣获"北京市平安校园示范校"称号
2015年	1项成果获首都大学生思想政治教育工作实效奖特等奖
2015年	荣获"首都文明单位标兵"称号
2015年	1项成果获教育部"礼敬中华优秀传统文化"系列活动示范项目
2015年	1项成果获全国高校校园文化建设优秀成果三等奖

提供坚强政治保证

学校始终坚持党要管党，从严治党，以改革创新精神加强学校党的建设，充分发挥学校党委的领导核心作用、各级党组织的战斗堡垒作用和共产党员的先锋模范作用，为一流大学建设提供坚强的思想、政治、组织保证。

2007年，党委书记王建国领取北京市"高校党的建设和思想政治工作单项奖"

2003年4月，"非典"灾害突然袭来，学校一度成为全国教育系统疫情最严重的高校。校党委沉着应对，科学决策，带领全校师生顽强奋战，实现了一线工作人员一个不倒，在校学生一个不少，取得了防控"非典"的伟大胜利

贯彻干部培训教育各项部署和要求，加强思想理论武装，扎实开展"讲、重、做""三严三实""两学一做"等学习实践，以在线学习、自学、专题培训、实践体验、野外培训等多渠道、多方式，提高干部理论素养与业务能力

2001年，党委书记张永姓接受北京市委颁发的"党的建设和思想政治工作先进高等学校"奖牌

加强基层党组织建设，选好配强党组织负责人，积极探索在科研团队、学生宿舍设置党支部，创新基层组织活动，健全激励帮扶机制，完善党建工作责任制，开展学习型、服务型、创新型党组织建设，不断提升基层党组织的凝聚力、战斗力

暑期学校作为直属于学校党委的青年教师思想政治教育平台，自 2013 年以来，已成功举办四期，培训青年教师近 800 人，成果突出，反响热烈，受到青年教师的普遍欢迎，校内外影响力不断提升，成为北京高校加强青年教师思想政治工作的典型

重视对党员干部进行统战工作培训，加强党外代表人士队伍建设，支持和帮助民主党派加强自身建设，积极调动党外人士为学校发展献计出力的积极性。学校获评"2010 年度北京高校统一战线创新工作先进单位"

学校党委高度重视党风廉政建设工作，认真履行党风廉政建设责任制，开展多种形式的廉洁教育，发挥各种监督力量，突出重点领域监督，认真执行中央八项规定精神，开展专项检查和责任追究，取得了良好效果，为学校的改革发展提供了政治保证

注重大学生思想政治教育质量，落实"立德树人"根本任务，坚持"以学生为中心"的教育理念，重点培养学生价值观与公民素养、终身学习与科学精神、职业能力与个人发展、人文修养与身心健康四个方面，搭建德育成长、学业发展、综合素质、科学服务和机制保障五个育人平台，形成了具有历史传承和学校特色的学生工作体系，德育工作领先其他高校

注重发挥老同志关心、支持学校改革与发展的积极性，指导关工委开展学生思想素质教育、办好老年大学、鼓励老教授协会继续为教育事业发挥余热。学校关心下一代工作进入全国先进行列，校关工委获全国教育系统"先进集体"、北京教育系统"先进集体"称号

学校高度重视平安校园建设，形成了较为完善的安全稳定工作体系，并在健全维稳工作体系、完善网格化管理、加强校园网络舆情管理和创建智慧校园等方面形成特色创新经验，获评首都"平安校园示范校"

每年召开教代会，听取和审议校长工作报告、财务报告、学校重大决策及涉及教职工切身利益的重大改革措施；注重发挥工会的桥梁纽带作用，建家活动卓有成效，2010 年 5 月学校获中华全国总工会"模范职工之家"称号

充分发挥团组织的生力军作用，积极引导广大青年为学校建设和发展大局汇智聚力，贡献力量。先后荣获"全国五四红旗团委""全国高校社会实践先进单位""北京奥运会、残奥会志愿者工作优秀组织单位""首都国庆 60 周年群众游行优秀组织单位"等称号

第二部分

鸿儒成阵 精英辈出

北京交通大学作为中国近代铁路管理与教育的发祥地，作为交通行业与首都区域科技创新和高层次人才培养的重要基地，始终把人才培养作为办学的根本任务，人才培养成绩斐然。在一个多世纪的办学历史中，为国家培养输送了大量人才。

学界名家

教育名家曾言："所谓大学者，非谓有大楼之谓也，有大师之谓也。"在学校百余年的办学历程中，有这样一些熠熠生辉的名字，他们秉承家国天下的情怀、求真务实的品格，肩负起崇高历史使命，贡献出非凡学识智慧，为国家发展建设做出了积极贡献。

茅以升（左）在钱塘江边

以升（1896—1989），江苏镇江人。我国著名的科学家、教育家、社会活动家。他是新中国成立后由中央政府任命的学校第一任校长。作为科学家和世界著名桥梁专家，茅以升先生毕生致力于推动我国科学技术的发展，他主持修建的钱塘江大桥已成为我国桥梁史上不朽的丰碑。作为教育家，茅以升倡导"先习学，边习边学"的教育理念，为我国培养了一大批工程技术领域的杰出人才，他还注重和倡导在全社会特别是广大青少年中大力推进科学普及工作。他终生以民族大义为先，早年留美学成后毅然回国，把自己的一生奉献给了祖国和人民。茅以升先生留下的精神财富已成为交大精神的重要组成部分，他的教育理念是学校"知行"校训的精髓

郑振铎（1898—1958），福建长乐人。我国著名现代作家、文学评论家、文学史家、考古学家。1918年考入北京铁路管理学校。1919年5月创建北京铁路管理学校学生会，被选为本校参加"北京中等以上学校学生联合会"代表，引导全校学生投入"五四"运动的洪流，是本校"五四"运动的先锋战士。1919年与瞿秋白等人联合创办《新社会》旬刊，呼吁社会改造。1921年与沈雁冰等人发起成立了中国第一个新文化团体"文学研究会"。毕业后走上文坛，成为文学泰斗、新文学运动的积极倡导者。新中国成立后任文化部副部长、中国科学院哲学社会科学部学部委员等重要职务

翁文灏（1889—1971），浙江鄞县人。我国第一位地质学博士，地质学奠基人。早年就读于上海复旦学院，后获比利时卢汶大学理学博士学位。曾任清华大学地质系主任、代理校长，国民党政府行政院院长，1915年任交通传习所教授，讲授地质学。曾首创"燕山运动学说"，编制中国最早的地质图《中国地质约测图》；组建中国最早的地震台；撰写了一部《中国地质学讲义》；为中国第一位石油实地调查者。著有《中国矿产志略》《中国金属矿床分布带理论》《地震》等

向哲浚（1892—1987），湖南宁乡人。早年留学美国耶鲁大学，1925年回国在学校任教。抗日战争结束后，出任远东国际军事法庭中国检察官，参与"东京审判"。此后，他拒绝了国民党政府让其出任"最高法院首席检察长"的任命

马寅初（1882—1982），浙江嵊县人。我国著名教育家、人口学家、经济学家。1906年毕业于北洋大学，1906年留美获经济学博士学位。1915年回国后任过多所大学经济学教授和校长。1916—1917年和1923—1925年两度担任我校教授，讲授英文、薄记、货币及银行学等课程

刘瀚（1891—1941），河北通县人。1914年毕业于我校，1919年在陆军部无线通信教练所任教，1922年9月与吴梯青、耿季和等人被东三省陆军整理处派往哈尔滨，接受苏联交还给中国的无线电台，并于次年成立中国哈尔滨无线电分台，后任该分台台长。经过他数年的努力，1926年10月1日哈尔滨无线电台开始播音。这是中国正式成立的第一座无线电广播电台，比上海新新广播电台早成立5个多月

应尚才（1896—1982），浙江奉化人。机械工程专家和教育家，中国第一台大马力蒸汽机设计者。长期致力于实现中国铁路机务技术标准化，主持并完成了一系列蒸汽机车和铁路车辆的标准设计与技术规范，以及窄轨铁路车辆的推荐标准，为改变我国铁路技术标准设计与技术规范做了许多开拓性的工作。新中国成立后在学校任教，1956年参加筹建北京铁道学院铁道机械系。新中国成立后被评为二级教授

谭耀宗，广东台山人。1912 届毕业生。曾发明国音电报，一度在全国推广；并倡办"负责运输"，也渐行全国。抗战期间负责办理军事运输，后主持全国联运事务，成绩卓著

杨汝梅（1899—1985），河北磁县人。1920 届毕业生。获美国密歇根大学经济学硕士、哲学博士学位，1926 年回国后任我校教授，教授"会计学"，曾任香港中文大学商学院院会长，著有《商誉与无形资产论》等。他是当时我国四位著名会计专家之一

吴绍曾（1896—1946），河北玉田人。1920 届毕业生。毕业后赴美国留学，获密歇根大学硕士学位和宾夕法尼亚大学博士学位。回国后在我校任教，后调任沪宁、津浦、陇海等铁路局任副局长。1946 年因飞机失事遇难

许延英（1891—1968），安徽来安人。1922 届毕业生。获伊利诺伊大学硕士学位。回国后先后在交通部、储汇局等部门工作。1949 年调回母校任教授，曾任经济系主任

赵传云（1900—1997），江苏常熟人。1923 届毕业生。他以全班第一名的成绩毕业，1924 年赴美留学，1926 年获伊利诺伊大学经济学硕士学位。同年回国，曾任东北大学教授、系主任，1949 年回母校工作，任教授、系主任。他从事教育工作 60 年，著有《铁路管理学》等多部著作，为我国著名铁路运输经济专家。新中国成立后被评为二级教授

许靖（1901—1972），湖北云梦人。1927 届毕业生。他以全班第一名的成绩毕业，后赴美国伊利诺伊大学留学，1934 年和 1951 年两度回母校任教，期间曾在云南大学、重庆交通大学、上海交通大学任教。他与上海交通大学沈奏廷教授联名发表评论文章，批评当时铁道部颁布的有关规章制度，从而以"南沈北许"之称享誉我国运输界，为我国著名铁路运输专家。新中国成立后被评为二级教授

金士宣（1900—1992），浙江东阳人。1923 年毕业，后赴美留学，获宾夕法尼亚大学经济学博士学位。回国后任浙赣铁路局副局长、交通部参事等职。1950 年任副校长，是第三届、第五届全国人大代表。是中国著名的铁路运输专家、教育家，铁路运输组织学科首创者和奠基人，一级教授。所著《铁路运输学》是中国第一部铁路运输著作

黄宏嘉
中国科学院院士

梁晋才
中国工程院院士

高玉臣
中国科学院院士

刘炽晶 二级教授
铁路运输经济专家

沈奏廷 二级教授
铁路运输专家

林达美 二级教授
铁路运输专家

汪禧成 二级教授
铁道信号专家

王竹亭 二级教授
铁路工程专家

杜锡钰
网络通信专家

李成山
内燃机械专家

张季勤
桥梁专家

佘守宪
物理学专家

王文翔
材料管理专家

叶 杭
铁道信号专家

刘景向
铁路运输经济专家

钮泽全
蒸汽机车专家

严忠铎
无线通信专家

葛炳林
车辆专家

吴文泷
铁道信号专家

王芳荃
英语教育专家

郑 鹍
铁路工程专家

田成文
电工学专家

马文芳
机械制图专家

陈荷生
高等数学教育专家

吴希庸
政治经济学专家

赵 华
建筑结构专家

伍廷钧
铁路运输专家

朱万柏
德语教育专家

白文禾
铁路选线专家

徐士瑚
英语教育专家

杨 凡
马列主义理论教育专家

张协衷
铁道财务专家

钟桂彤
隧道专家

钟用达
桥梁专家

殷宗鹗
会计学专家

宗之龙
铁路计划专家

胡庆涛
材料管理专家

何文卿
铁道信号专家

刘金泉
铁路运输经济专家

李经熙
数学专家

专家学者

在 推进一流大学建设的征程中，众多专家学者倾其所学，投身学校各项事业的发展建设，成为推动和提升学校人才培养、科学研究、社会服务水平和能力的中坚力量。

两院院士

徐叙瑢
中国科学院院士

简水生
中国科学院院士

王梦恕
中国工程院院士

徐寿波
中国工程院院士

施仲衡（兼）
中国工程院院士

洪 涛（兼）
中国工程院院士

曾广商（兼）
中国工程院院士

刘友梅（兼）
中国工程院院士

姚建铨（兼）
中国科学院院士

陈志南（兼）
中国工程院院士

马志明（兼）
中国科学院院士

翁宇庆（兼）
中国工程院院士

国评博士生导师

1981 年，经国务院学位委员会审议，获批学校首位博士生导师杜锡钰以来，到 1995 年授权学校自评，共有 24 位国评博士生导师。

运输自动化与控制学科	杜锡钰、汪希时、张树京、张林昌
运输管理工程学科	秦作睿、胡安洲、张全寿、刘彦佩
通信与电子系统学科	简水生、李承恕
信号与信息处理学科	袁保宗、徐叙瑢
运输经济学科	许庆斌、陈景艳
桥梁与隧道工程学科	陈英俊、张清、高玉臣、朱晞
铁道牵引电气化与自动化学科	郝荣泰、周希德
机车车辆学科	袁祖贻、查建中、王小椿
铁道工程学科	张庆珩

国务院学科评议组成员

作 为国务院学位委员会领导下的专家组织中的成员，学校国务院学科评议组教授们不仅在教研工作中取得了显著成绩，还根据学科发展趋势和国家发展要求，就教育发展和改革的重大问题进行深入研究，向国务院学位委员会提供咨询或提出建议。

国务院学科评议组成员	
姓 名	**述职届数**
杜锡钰	第一届学科评议组成员
袁保宗	第二、三、四届学科评议组成员
郝荣泰	第三、四届学科评议组成员
胡安洲	第四届学科评议组成员
谈振辉	第四、五、六届学科评议组成员
荣朝和	第五、六届学科评议组成员
阮秋琦	第五、六届学科评议组成员
高自友	第六、七届学科评议组成员
宁 滨	第七届学科评议组成员
张秋生	第七届学科评议组成员
赵 耀	第七届学科评议组成员
刘伊生	第七届学科评议组成员
张明玉	第七届学科评议组成员

名师英才

胡 斌
国家"千人计划"专家

张 丹
国家"千人计划"专家

刘小平
国家"千人计划"专家

高自友
国家重点基础研究发展计划
("973"计划)首席科学家
全国优秀教师
长江学者特聘教授
国家自然科学基金杰出青年基金

张宏科
国家重点基础研究发展计划
("973"计划)首席科学家

张顶立
国家重点基础研究发展计划
("973"计划)首席科学家

袁大军
国家重点基础研究发展计划
("973"计划)首席科学家

王玉凤
国家教学名师
全国优秀教师

陈后金
国家教学名师
全国优秀教师
国家"万人计划"专家

荣朝和
国家教学名师

王移芝
国家教学名师

阮秋琦
国家教学名师

韩振峰
国家"万人计划"专家

汪越胜
长江学者特聘教授
国家自然科学基金杰出青年基金

杨庆山
长江学者特聘教授
国家自然科学基金杰出青年基金

王均宏
长江学者特聘教授
国家自然科学基金杰出青年基金

赵 耀
长江学者特聘教授
国家自然科学基金杰出青年基金

李德才
长江学者特聘教授
全国模范教师

高 亮
长江学者特聘教授

王永生
国家自然科学基金杰出青年基金

滕 枫
国家自然科学基金杰出青年基金

裴 丽
国家自然科学基金杰出青年基金

吴建军
国家自然科学基金杰出青年基金

郭振镐
国家"外专千人计划"专家
韩国科学与工程院院士

田村幸雄
国家"外专千人计划"专家
日本工程院院士

卢保聪
国家"外专千人计划"专家

知名校友

"**桃**李不言，下自成蹊"，学校始终致力于为国家输送德才兼备的高素质人才。一批批交大学子奔赴国民经济主战场，活跃在各行各业，发挥所长，奉献才智，取得斐然业绩，成为"知行"校训的践行者和传承者。

知名学者

杜彦良
中国工程院院士，1989 年获工学
硕士学位

张榴晨
加拿大工程院院士，1982 年毕业
于电气系

沈卫明
IEEE 院士 (Fellow，2013 年当选)，
1983 年本科、1986 年硕士毕业于
机械系

权 龙
IEEE 院士 (Fellow，2009 年当选)，
1984 年毕业于电信系

牛志升
IEEE 院士 (Fellow，2011 年当选)，
1985 年毕业于通控系

知名管理者

（按姓氏笔画排序）

丁关根
第十四届、十五届中央政治局委员，原中央书记处书记。1972—1975 年在学校留学生办公室工作

马德秀
全国政协委员，原上海交通大学党委书记。1982—1984 年在学校自控与微机应用专业任教

石万鹏
原中国纺织工业总会会长、党组书记，中国共产党第十五届委员会候补委员。1960 年毕业于北京铁道学院运输系

朱蕤
原中国女企业家协会会长、国务院监事会主席。1964 年毕业于铁道电信系铁道信号专业

安立敏
中国铁路总公司党组成员、纪检组长，1977 年在铁道车辆专业学习，毕业后曾留任学校党委学生工作部

李永海
第九届、十届全国政协委员，原中华全国总工会书记处书记，第四届、五届中国老区建设促进会副会长。1963 年毕业于北京铁道学院电信系无线专业并留校任教至 1978 年

李森茂
原铁道部部长，中国共产党第十二届中央委员会委员，第十三届中央委员会候补委员，第八届全国人大常委会委员。1948 年毕业于东北铁路学院运输专业

杨宇栋
中国铁路总公司副总经理。分别
于 1991 年、1994 年获得铁道运输
专业学士学位、硕士学位，2009
年获得博士学位

吴昌元
原海南省副省长、海南省人大常
委会副主任，1965—1969 年就读
于铁道经济系会计学专业

张江汀
山东省政法委书记。毕业于经管
学院管理科学与工程专业，博士

国 林
原铁道部副部长。1962 年毕业于
北京铁道学院

国一民
国资委国有重点大型企业监事会
主席。毕业于交通运输学院

季晓南
国资委大型企业监事会主席。
2001 年就读于经管学院产业经济
学专业，博士

顾云飞
原中共中央直属机关工委常务
副书记、第九届全国政协常委。
1953 年毕业于北京铁道学院
经济系

徐锡安
原新华社副社长、北京市委常委、
教育工委书记。1988 年—1995
年在校工作，历任学校党委副书
记、党委书记

黄 民
中国铁路总公司副总经理。
2005 年获学校经济学博士学位

盛光祖
中国铁路总公司总经理兼党组书记

梁康之
美国马里兰州蒙哥马利郡运输部官
员，华盛顿校友会会长，交通运输
专家。1977 年毕业于铁道运输专业

屠由瑞
原国家工程咨询公司董事长、党
组书记。中国共产党第十三届、
十四届、十五届中央委员，第七
届、八届全国政协常委。1954 年
毕业于北京铁道学院车务系

谢 光
原国防部第六研究所副所长、
国防科工委科技部副部长。1990
年晋升为中国人民解放军中将。
1948 年就读于北平铁道管理学
院运输工程系

甄忠义
中国铁路总公司副总经理。
2005 年毕业于运输学院

翟 青
环境保护部副部长。2004 年获
学校经济学博士学位

知名企业家

莫若愚（1926—2002），浙江吴兴人。1948年7月毕业于我校运输系，1958年在美国宾夕法尼亚大学沃顿商学院获得工商管理硕士学位，是著名爱国华侨和企业家。国际企业环美家具集团创始人和董事会终身名誉主席。1996年出资在学校设立"智瑾奖"，历经20年，注资480余万元，奖励1295名师生，成为学校设立时间最长、影响力最大的奖项之一，是弘扬"饮水思源、爱国荣校"光荣传统的典范

主校区科学会堂莫若愚校友厅

（按姓氏笔画排序）

王文辉

北京交大微联科技有限公司董事长。1977 年就读于铁道信号专业，后继续攻读信息系统与控制专业，获硕士学位。王文辉携手交大微联公司校友设立"微联教育基金""微联素质教育奖助金"，用于资助电信学院学生及家庭经济困难学生

王幼君

北京握奇数据系统有限公司董事长。1977 年就读于电子计算技术专业，本科。王幼君 2006 年设立奖教金，支持学校引进高层次人才和加强教师人才队伍建设，并于 2007 年成立"北交大—握奇数据安全联合实验室"，这是国内第一个校企联合数据安全智能卡实验室

王旭宁

九阳豆浆机的发明人。九阳股份公司创始人、董事长、总裁。1987 年就读于电力牵引与传动控制专业，本科。王旭宁在 2009 年设立"九阳奖助学金"

王志全

神州高铁技术股份有限公司董事长。1988 年就读于机车车辆专业，硕士。王志全在 2008 年设立"新联铁教育基金"奖励与资助机电学院学习奋进、综合能力突出的优秀学生

牛俊杰

北京世纪瑞尔技术股份有限公司董事长、总经理。1983 年就读于技术经济专业，本科。2016 年，牛俊杰携手公司校友在学校设立"世纪瑞尔创新基金"支持青年教师和在校生开展创新创业活动

白 亮

北京君阳投资有限公司董事长。1986 年就读于热能动力机械与装置专业，本科。白亮在学校设立"大学生机械博物馆建设基金"，支持学校第一个以专业为特色设立的寓教于研的专项博物馆建设

刘亚滨
北京市万桥兴业机械有限公司总经理。
1977 年就读于内燃机车专业，本科。刘
亚滨从 2008 年起设立"万桥教育基金"，
正式确立了与学校的战略合作

李河君
汉能集团董事局主席、中国工商联副主
席。1984 年就读于铁道车辆专业，本科。
李河君从 2006 年起，携汉能集团校友
捐资设立"汉能李嘉宁奖助学金"，累
计奖助学生 1 200 余人

邱宽民
北京交大思诺科技有限公司董事长。
1980 年就读于铁道信号专业，本科。
1988 年攻读硕士学位。邱宽民携手思
诺公司校友设立"思诺教育基金""思
诺助教基金"

郜春海
北京交控科技有限公司总裁。1989 年就
读于交通信号与控制专业，本科。2000
年获得交通信息工程与控制专业硕士学
位。郜春海携手交控科技公司校友设立
"交控科技教育基金""研究生数学建
模大赛基金"，用于学校优秀学生奖励
及学生素质教育工作

钱瑞
北京竞业达数码科技有限公司董事长。
1986 年就读于计算机及应用专业，本科。
钱瑞从 2006 年至 2015 年持续捐款支持
学校教育事业发展，并与计算机学院共
建"竞业达班"，开启了校企合作共同
培养人才的新模式

黄煜
飞天诚信有限公司总经理。1988 年就读
于计算机及应用专业，本科。2015 年，
黄煜携飞天诚信公司设立"飞天诚信教
育基金"，并与学校共建"飞天诚信班"

学校历任主要领导

历任党委书记

张绪谭
任职时间
1949 年 9 月—1950 年 3 月
1951 年 10 月—1956 年 5 月

刘 毅
任职时间
1950 年 3 月—1951 年 10 月

王孝慈
任职时间
1956 年 5 月—1959 年 9 月

钱应麟
任职时间
1959 年 12 月—1961 年 3 月

彭伯周
任职时间
1961 年 4 月——1972 年 4 月

王见新
任职时间
1978 年 7 月—1983 年 4 月

张福运
任职时间
1923 年 3 月—1924 年 11 月

朱我农
任职时间
1924 年 12 月—1927 年 8 月

王伯群
任职时间
1928 年 6 月—1928 年 8 月

孙科
任职时间
1928 年 9 月—1930 年 12 月

史泽宣
任职时间
1930 年 7 月—1931 年 9 月

徐承燠
任职时间
1931 年 9 月—1937 年 7 月

茅以升
任职时间
1938 年 2 月—1942 年 1 月
1949 年 7 月—1952 年 5 月

胡博渊
任职时间
1942 年 1 月—1943 年 8 月

罗忠忱
任职时间
1943 年 8 月—1945 年 6 月

顾宣孙
任职时间
1945 年 8 月—1946 年 4 月

徐佩琨
任职时间
1946 年 4 月—1949 年 1 月

王芳荃
任职时间
1949 年 2 月—1949 年 7 月

刘炽晶
任职时间
1949 年 7 月—1951 年 8 月

朱劭天
任职时间
1951 年 8 月—1952 年 7 月

李新波
任职时间
1952 年 8 月—1953 年 4 月

王孝慈
任职时间
1953 年 5 月—1959 年 9 月

钱应麟
任职时间
1959 年 12 月—1961 年 3 月

彭伯周
任职时间
1961 年 4 月—1978 年 3 月

李德仁
任职时间
1973 年 3 月—1978 年 7 月

王见新
任职时间
1978 年 7 月—1983 年 4 月

张树京
任职时间
1983 年 4 月—1988 年 9 月

万明坤
任职时间
1988 年 9 月—1993 年 7 月

王金华
任职时间
1994 年 1 月—1998 年 12 月

谈振辉
任职时间
1998 年 12 月—2008 年 3 月

宁 滨
任职时间
2008 年 3 月—

第三部分

为国建功 砥柱中流

"平畴寥廓兮奠邦基"。自新中国肇始，以经世治国为己任的一代代北京交大人，秉承"饮水思源、爱国荣校"的光荣传统，志存高远，砥砺奋发，为国家建设、行业腾飞、区域发展、社会进步做出了不可磨灭的贡献。

北京交通大学行业特色鲜明，办学底蕴深厚，创新能力卓著，成为我国交通及各类专门人才培养的重要基地。提速、重载、青藏铁路、城市轨道交通、高铁"走出去"……学校参与和见证了中国交通事业发展一个又一个重大历史进程。弦歌不辍，载誉前行，学校以平台为支撑、以创新为驱动，抓住国家"一带一路"、京津冀协同发展等重大战略实施的历史机遇，立足国家行业需求，瞄准技术创新前沿，加强重大关键技术攻关，努力为国家建设发展再立新功。

交通领域主力军

北京交通大学因铁路而诞生，由铁路而发展，"爱路报国"的梦想激励着北京交通大学师生积极投身于铁路发展建设。改革开放以来，学校将自身学科特色和国家重大需求紧密结合，已成为解决交通领域人才培养、科技创新的重要基地之一，取得了一系列令人瞩目的成就。

科学研究成果卓著

学 校主动承担国家级和省部级重大项目，拓展研究领域，取得了一大批高水平科研成果，积极推动了国民经济、特别是交通事业的繁荣发展。

郑州北编组站鸟瞰图

张全寿教授主持研究的"郑州北编组站综合自动化系统"，对全站车辆信息进行实时处理和控制，提高了编组站的综合能力，整个系统达到国际先进水平。1991 年获国家科技进步一等奖

项源金教授等承担的"全国铁路客票发售和预订系统",
2000 年获国家科技进步一等奖

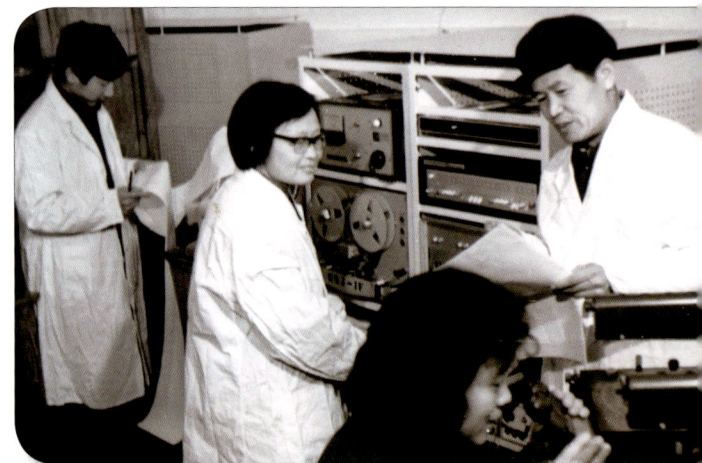

张庆珩教授主持的"遥感在铁路选线中的应用项目",1986 年
获国家科技进步二等奖

胡安洲教授主持的"双线自动闭塞区段旅客列车扣除系数
的模拟分析法",1987 年获国家科技进步二等奖

张林昌教授负责制定的国家标准《航空无线电导航航站的电磁
环境要求》,1989 年获国家科技进步二等奖。参加的国防科技
项目,2005 年获国家科技进步二等奖

费锡康教授研制的"应答式脉冲轨道电路"，1988年获国家科技进步二等奖

谢让皋教授研究的"CGD-1型长钢轨同步定位吊运装置"，1991年获国家技术发明三等奖

高玉臣教授提出纤维复合材料的细观断裂模型，1999年获国家自然科学三等奖

学校组织研发的计算机联锁设备先后在普速铁路、重载铁路、高速铁路等重大工程中中标，在近 2 000 个车站开通使用

李德才教授研究成果"低温大直径磁性液体密封装置""磁性液体密封装置中密封组件的装配方法"获中国专利奖优秀奖，"复杂工况下磁性液体密封关键技术与应用"获 2012 年国家技术发明二等奖

助力铁路六次大提速

1997—2007 年我国铁路进行了六次大提速。学校科技工作者凭借扎实的科技创新能力，潜心研究铁路电务、机车、车辆、工务新装备和新技术，在主体化机车信号研究等方面取得了标志性成果，为中国铁路六次大提速做出了自己的独特贡献。

学校参加完成的"时速 250 km 动车组高速转向架及应用"项目获 2009 年度国家科技进步一等奖，学校主要完成时速 250 公里动车组高速转向架结构可靠性研究

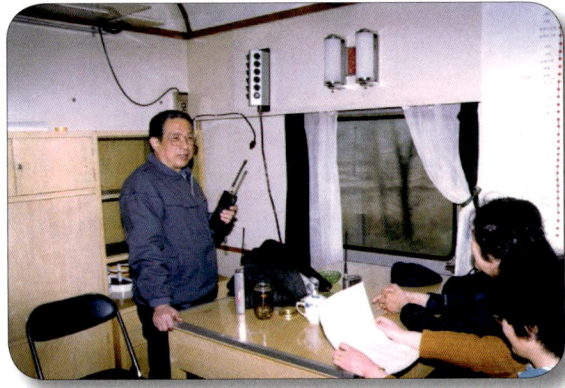

汪希时教授主持研究的"SJ 型数字化通用式机车信号"，安装机车近 2 万台，1998 年获国家科技进步二等奖

攻克重载铁路关键技术难关

学校科技工作者参加重载铁路技术研究，在铁路信号抗干扰、重载铁路无线通信、27 t 轴重重载铁路关键技术、提速重载机车车辆关键部件可靠性评估等方面开展自主创新，为提升大秦铁路运力、缓解我国西煤东运能力紧张局面、促进国民经济持续发展提供了有力保障。

学校参加完成的大秦铁路重载运输成套技术与应用项目，2008 年获国家科学技术进步奖一等奖

攻克高原铁路世界性技术难题

学校全面参与青藏铁路技术攻关，突破冻土和通信两大难题，主持或主要承担"青藏铁路建设管理与调度指挥系统""青藏铁路信息化""高原冻土施工及生态保护""青藏线无线移动通信及测控技术""高原铁路运营组织"等项目近 40 项，为青藏铁路建设提供了强大的科技支持和智力保障。学校参加完成的"青藏铁路工程"项目获 2008 年度国家科技进步奖特等奖。

校党委书记王建国应邀参加通车典礼，受到铁道部副部长卢春房（左）接见

谭忠盛教授参加完成的项目"世界第一高隧——青藏铁路多年冻土带风火山隧道施工技术"，2005 年获国家科技进步二等奖

刘建坤教授在多年冻土地区路基填挖过渡实验工程现场

王连俊和魏庆朝教授在青藏铁路冻土区清水河试验段

钟章队教授主持的"GSM-R（铁路移动通信全球系统）项目"研究人员在实验列车上

蔡伯根教授主持的"青藏线 ITCS-GPS 定位导航项目"课题组成员进行现场测试

为高速铁路建设和运营提供有力支撑

京沪高速铁路代表了中国高速铁路最高技术水平。学校参与了京沪高速铁路 CTCS-3 级列控系统技术创新。首次制定了适合我国国情、路情的高速铁路 CTCS-3 级列控系统需求规范并形成行业标准；国内首次采用形式化方法对列控系统标准规范进行管理和验证，实现了对需求规范中缺陷的定位和修正；首次完成了针对 CTCS-3 级列控系统的测试案例集，规范了列控设备测试。

宁滨教授等参加完成的"京沪高速铁路工程"项目获 2015 年国家科技进步奖特等奖

邱宽民教授主持完成的项目"复杂与高速环境下轨道交通车载安全控制系统"获 2009 年国家科技进步奖二等奖

高亮教授主持完成的项目"高速铁路长大桥梁、高架站无缝线路设计理论及应用技术"，形成了具有自主知识产权的长大桥梁、高架站无缝线路设计理论及技术体系

CBTC 系统为城市轨道交通安上"国产脑"

从 2004 年开始，宁滨教授科研团队开展了具有完全自主知识产权的基于通信的列车运行控制系统（CBTC）研究。2010 年在北京轨道交通亦庄线、昌平线成功开通运营，它实现移动闭塞的速度防护控制和自动驾驶，确保列车安全高效运行，使我国成为第四个成功掌握该项核心技术并开通运营的国家，打破了国外的垄断，使引进系统的价格降低 30% 左右。该成果获 2012 年度国家科学技术进步奖二等奖。该项目的实施已成为国家产学研协同创新和核心技术产业化的典范。自主研发的 CBTC 系统占据全国三分之一市场份额，合同金额突破 50 亿元，不仅在北京地铁连续中标 6 条线，还在长沙、深圳、成都、天津等多个城市成功中标 10 余条线路，并走出国门，运用到越南河内高架轻轨线路的 13 列电客车上。

2008 年 10 月 30 日，北京轨道交通信号系统核心技术研发与示范工程重大专项启动仪式举行

2009 年 6 月 10 日，轨道交通亦庄线国产 CBTC 示范工程信号系统采购合同签约仪式举行

宁滨教授主持的"基于通信的城轨列车运行控制系统关键技术及其应用"成果获 2012 年度国家科技进步奖二等奖

世纪交大
北京交通大学120周年校庆

创新服务国家发展

作为一所全国重点大学，北京交通大学时刻倾听国家和区域发展的脉搏，面向科技前沿、面向国家重大战略需求、面向国民经济主战场，加强基础研究和应用研究，解决重大理论和现实问题，在服务国家战略和重大专项工作中提供了强大的人才和科技支撑。

服务国家"一带一路"战略

近年来，学校主动服务国家"一带一路"战略，发挥交通领域特色优势，积极与俄罗斯、美国、英国和东盟等国深化相关领域国际合作交流，与"一带一路"沿线国家建立了良好的合作交流机制。

2015 年，学校与俄罗斯莫斯科国立交通大学、圣彼得堡国立交通大学合作成立"中俄高铁研究中心"、与英国伯明翰大学合作成立"中英高铁研究中心"、与美国伊利诺伊大学香槟分校（UIUC）合作成立"中美高速铁路安全运营与服役国际联合实验室"，分别纳入中俄、中英、中美三大人文交流机制成果。2016 年 7 月，刘延东同志为中俄高铁研究中心揭牌。2016 年 8 月学校与印度尼西亚泗水大学签署合作协议，被纳入中国印尼人文交流机制

学校选派具有中国铁路建设经验的校内专家学者，先后举办了 5 期泰国高铁建设研修班，为印度举办了 5 期重载铁路高层管理人员研修班，为东盟和非洲 26 国举办了交通管理和铁路建设研修班

2015 年 9 月，学校承办第二届中俄交通大学校长论坛。作为中俄人文交流机制的重要内容，旨在落实国家"一带一路"及高铁"走出去"等重大战略，推动中俄两国高校在交通领域的交流与合作。中国国务院总理李克强、俄罗斯联邦委员会主席瓦莲金娜·伊万诺夫娜·马特维延科向论坛致信祝贺。61 所中俄交通大学校长联盟成员单位、百余位中俄交通类高校校长和企业代表，共同发表了《北京宣言》和成果清单

服务京津冀协同发展

2014 年 2 月，党中央把京津冀协同发展、京津双城联动发展上升为重大国家战略，为行业特色型大学提供了新的发展机遇。学校不断深化与天津市及河北省相关政府、企业的实质性合作，为实现京津双城联动、促进环渤海经济区发展贡献力量。

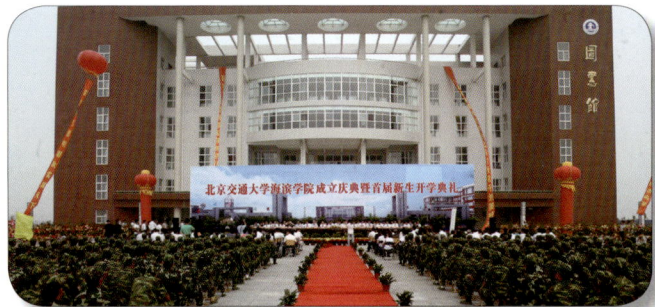

2008 北京交通大学海滨学院经教育部批准成立，改写了河北省沧州地区没有本科层次高等教育的历史，在河北省高等教育布局中具有特殊的区位优势和重要的示范作用，是京津冀协同发展在教育领域的生动典型。学院先后为社会培养和输送了近万名本科毕业生，上千名毕业生服务于全国各大铁路局、北汽集团北京汽车制造厂有限公司等大型企事业单位。学院成为京津冀和环渤海区域应用型工程技术和经营管理人才的培养高地，2016 年在全国独立学院排行榜中第四次名列全国第五

2015 年 11 月，在京津冀产业转移系列对接活动中，与沧州市政府合作建设轨道交通暨综合研发试验基地战略合作项目签约，对推动京津冀加速融合发展具有重要意义

2016 年 6 月，与神华铁路货车公司联合成立的"重载轨道交通培训基地"在神华铁路货车公司沧州分公司机车检修联合厂房举行挂牌仪式

"973" 计划项目研究瞄准国家战略需求

国 家重点基础研究发展计划（"973"计划）是具有明确国家目标、对国家的发展和科学技术的进步具有全局性和带动性的基础研究发展计划，是中国加强基础研究、提升自主创新能力的重大战略举措。学校面向国家重大需求，发挥学科特色和优势，积极承担相关项目研究，着力解决中国经济社会发展和科技自身发展中的重大科学问题。

"973"计划项目

项目名称	首席专家	时间
大城市交通拥堵瓶颈的基础科学问题研究	高自友	2006年
一体化可信网络与普适服务基础研究	张宏科	2006年
智慧协同网络理论基础研究		2013年
城市地下工程安全性的基础理论研究	张顶立	2009年
高水压越江海长大盾构隧道工程安全的基础研究	袁大军	2014年

探索攻坚国防前沿技术

学 校围绕国家国防重大需求，充分发挥学科、人才、基地等优势，为国防建设做出了积极贡献。2001 年以来，学校共承担国防科研项目 700 余项，其中国家和省部级项目 200 余项；获得与国防相关的省部级及以上科技奖励共 20 项。2007 年学校分别获得"三大证""三小证"。

军工"三大证"

构建交大特色高端智库

学校高度重视人文社会科学的发展，设立了经济管理学院、马克思主义学院、语言与传播学院、建筑与艺术学院、法学院及体育部 6 个文科类学院。2004 年成立哲学社会科学发展领导小组，2006 年成立人文社会科学办公室，2007 年成立学术委员会人文社会科学分委会，2013 年学校成立人文社会科学处。"十一五"期间科研经费总额为 2 亿元，"十二五"期间科研经费总额达到 3.2 亿元。在人文社科领域，学校拥有马克思主义理论、应用经济学、工商管理、管理科学与工程 4 个博士授权一级学科及博士后流动站。

人文社科省部级平台建设

序号	平台名称	成立时间	主管单位
1	"物流管理与技术"北京市重点实验室（2008 年获评北京市重点实验室）	1995 年	北京市科委
2	北京交通发展研究基地	2005 年	北京市哲社办、北京市教委
3	首都大学生思想政治教育研究中心	2007 年	中共北京市委教育工委、北京市教委
4	北京交通大学行业特色研究型大学发展战略研究中心	2009 年	教育部科学技术委员会
5	首都大学生思想政治教育研究基地	2010 年	北京市哲社办、北京市教委
6	北京产业安全与发展研究基地	2010 年	北京市哲社办、北京市教委
7	北京人文交通、科技交通、绿色交通研究基地	2012 年	北京市科学技术协会、北京市社会科学界联合会
8	民族民间文艺发展中心数字文化研究基地	2012 年	文化部民族民间文艺发展中心
9	北京社会建设研究院	2012 年	北京市委社会工委
10	北京物流信息化研究基地	2014 年	北京市哲社办、北京市教委

第五、六、七届高等学校科学研究优秀成果奖（人文社会科学）

年份	成果名称	获奖等级	完成人
2009	产业安全理论研究	二等奖	李孟刚
	金字塔结构下终极所有权与控制权研究	三等奖	马 忠
2012	中国农产品现代物流发展研究——战略·模式·机制	二等奖	张明玉
	"小土豆"如何办成"大产业"——西部地区落实十七大精神加强新农村建设的有效产业支撑	二等奖	李孟刚
	引入空间维度的经济学分析及我国铁路问题研究	三等奖	赵 坚
	物流网络：物流资源的整合与共享	三等奖	鞠颂东
2015	北京市轨道交通司机安全性评价与管理研究	二等奖	叶 龙
	综合交通运输体系研究——认知与建构	三等奖	荣朝和
	集约型城镇化与我国交通问题研究	三等奖	赵 坚
	文化资本论（海外版）	三等奖	皇甫晓涛

"十二五"期间我校应用性成果入选《成果要报》及各类《专家建议》情况

	2011年	2012年	2013年	2014年	2015年
入选《成果要报》、《专家建议》	4	5	11	14	11
被国家或省部级领导批示	3		4	4	5

2008 年度国家社会科学基金重大项目"应对重大自然灾害与构建我国粮食安全保障体系对策研究"，项目首席专家：郑新立、李孟刚

2013 年度国家社会科学基金重大项目"集约、智能、绿色、低碳的新型城镇化道路研究"，项目首席专家：赵坚

2015 年度国家社会科学基金重大项目"新型城镇化下农产品物流体系与发展战略研究"，项目首席专家：张明玉

我国第一部社会主义核心价值观电视专题片《国魂》总撰稿人韩振峰教授，2014 年入选国家"万人计划"首批哲学社会科学领军人才。他牵头撰写的大型调研报告《社会主义核心价值观如何接地气》受到中央政治局常委、中央书记处书记刘云山等中央领导的重要批示和高度评价

科技服务北京奥运会、上海世博会、广州亚运会

学校有百余名专家及其科研团队投身 40 余个直接服务奥运的科研项目，参与奥运交通、奥运物流、奥运场馆建设、绿色环保等关键项目研究。为北京奥运会、上海世博会、广州亚运会的顺利举办提供了一流的服务和技术支持。2008 年 11 月 10 日，北京奥运会科技奥运总结大会在京召开，学校被评为科技奥运先进集体，姜久春、孙昕、杨庆山、关伟、张顶立、邵春福 6 位教师获得"科技奥运先进个人"表彰。

杨庆山教授主持的大跨结构风振反应分析的研究成果
集中应用于国家体育场等多个奥运场馆的分析与设计

邵春福教授团队开展"国家体育场交通疏
散组织优化"课题研究

孙昕教授团队研制"数字集群调度指挥系统"

关伟教授主持"奥运地面交通运力资源优化配置系统"子课题

车用动力蓄电池管理系统核心关键技术及可靠性研究成果，成
功应用于上海世博会电动大巴

亚运会临时看台应力和变形监测项目研究成果，应用于广州亚
运会 9 个场馆临时看台建设

首次提出具有自主知识产权的标识网络体系

学校组织科研团队针对下一代互联网体系理论及关键技术开展相关研究，提出了标识网络体系，研制出各种路由交换网络设备，推动了下一代互联网的产业发展，为我国实现由网络大国向网络强国的飞跃提供了强有力的技术储备。"标识网络体系及关键技术"已成功应用于高铁、电信、工业制造等行业的多家单位，取得了显著的经济社会效益。

张宏科教授主持完成的"标识网络体系及关键技术"成果获 2014 年度国家技术发明奖二等奖

标识网络原型系统

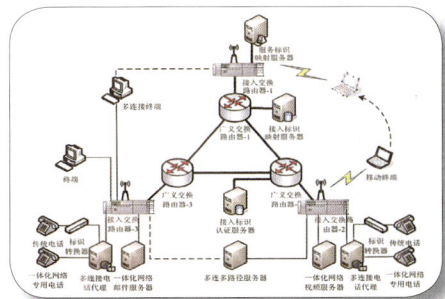

一体化标识网络原型系统示意图

新能源研究取得开创性成果

近年来，学校在新能源研究领域不断创新，取得一系列开创性成果。姜久春教授团队 2004 年建造了国内第一个电动汽车充电站，2008 年、2010 年主导设计当时世界上规模最大的两个纯电动汽车充换电站——北京奥运纯电动汽车充电站和上海世博会纯电动汽车充电站。"纯电动客车关键技术及在科技奥运零排放工程中的应用"获 2008 年国家科技进步奖二等奖。建立了系统化的动力电池成组应用技术体系，在国内最早实现了新能源汽车电池管理系统的产业化应用，在国际上首次研制了纯电驱动和混合驱动的高速动车组电池系统，参与了国内 90% 的轨道交通新能源动力系统的研究项目。

混合动车组动力电池系统、牵引系统研发

姜久春教授与科研团队在一起

在校园设立 100 个电动汽车充电桩，方便师生使用

2015 年 7 月，学校申报的"汉能新能源学院"获得教育部和国家外国专家局正式批复，入选第二批"高校国际化示范学院推进计划"

构建国家创新平台

凝聚产生力量，创新赢得发展。科研攻关离不开团队协同，创新发展要靠平台支撑。学校依托交通运输工程、通信工程、土木工程、电气工程和车辆工程等学科，着力构建国家创新平台，逐步形成了与学科较为匹配的创新平台布局，为承担重大项目、产出高水平成果和可持续创新奠定了坚实的基础。学校首批入选 "2011 计划"，在国家高水平创新平台建设方面实现重大突破。

"七五"期间，学校在实验室建设方面采取"统筹安排，保证重点，照顾一般"的方针，按照重点实验室、重点扶持实验室和一般实验室进行分层次建设，学校每年1/3以上建设经费用于重点实验室建设；"八五"期间坚持"保证重点，择优扶持，集中投资，速见成效"的方针，加速实验室的建设进程；实施"211工程"建设后，一批重点实验室迅速建成，在科研教学中发挥着重要作用。

"七五"期间确定的重点实验室

图像处理实验室
仿真实验室
光纤通信实验室
干扰、电波实验室
电子基础实验室
运输过程模拟实验室
微机应用实验室
结构实验室
机械零件实验室
材料力学实验室
基础物理实验室
电子计算中心

1981年4月，学校召开实验室工作会议

王见新校长为先进实验室颁奖

经过"九五""十五""十一五""十二五"的建设，目前学校拥有省部级及以上科研平台 50 个，其中包括国家重点实验室 1 个、国家工程研究中心 1 个、国家工程实验室 2 个（其中 1 个参与）、国家能源研发中心 1 个、国家认可实验室 4 个、国家大学科技园 1 个，为学校科学研究工作打下坚实基础，为国家相关领域科技发展发挥了重要作用。

轨道交通控制与安全国家重点实验室

2006 年经科技部批复立项建设，开展轨道交通控制与安全科学技术方面具有创新性的应用基础理论和基础性工作研究，是我国轨道交通控制与安全领域原始创新、集成创新、引进消化吸收再创新及高水平人才培养的重要平台。

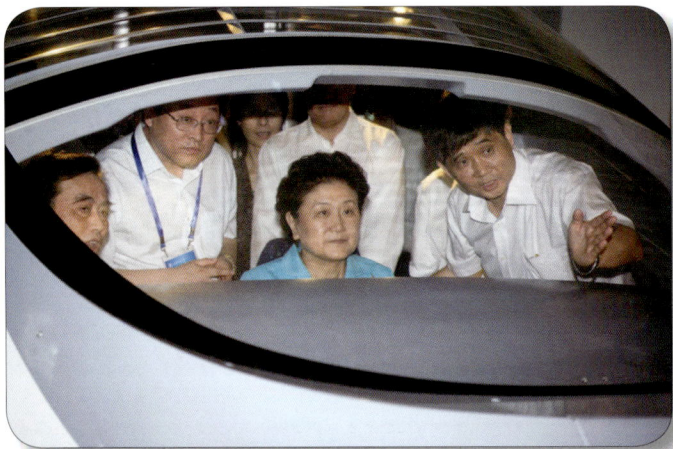

2011 年 6 月刘延东同志在高速列车模拟驾驶室听取汇报

2005 年 8 月许嘉璐视察轨道交通控制与安全国家重点实验室

轨道交通运行控制系统国家工程研究中心

2008 年 1 月经国家发改委批复立项建设，进行高速铁路和城市轨道交通的核心性技术研发、系统集成和研究成果工程化与产业化，承担国家和企业的重大研究课题，是中国轨道交通运行控制系统核心技术展示、研究与产业化转化平台。

2009 年 1 月 19 日，北京轨道交通运行控制系统国家工程研究中心有限公司揭牌

轨道交通运行控制系统国家工程研究中心实验环境

入选国家首批协同创新中心

2013 年 5 月，学校牵头组建的"轨道交通安全协同创新中心"获教育部、财政部批复认定，成为国家"2011 计划"首批认定的 14 个协同创新中心之一。

- **国家重点实验室**
  轨道交通控制与安全国家重点实验室

- **国家工程研究中心**
  轨道交通运行控制系统国家工程研究中心

- **国家工程实验室**
  下一代互联网互联设备国家工程实验室
  高速铁路系统试验国家工程实验室（参与）

- **国家能源研发中心**
  国家能源主动配电网技术研发中心

- **国家认可实验室**
  电磁兼容国家认可实验室
  结构强度检测国家认可实验室
  软件测评国家认可实验室
  轨道交通移动通信国家认可实验室

2012 年 6 月，北京交通大学、西南交通大学、中南大学三所高校在我校就共同组建"轨道交通安全协同创新中心"签署协议。同年 8 月揭牌，标志着该协同创新中心的培育组建工作迈入了新的阶段。三所高校与轨道交通相关企业、科研院所签约组建轨道交通安全协同创新中心

专门培训育英才

从当年的抗美援朝功臣班、坦赞留学生培养，到面向交通行业需求的专业学位教育、专业技术、相关行业管理培训及保密教育培训等，北京交通大学为国家建设所需培训了大批各领域专门人才。

开办抗美援朝功臣班

1953 年 7 月，铁道部选调一批在抗美援朝战场上立过二等以上战功的铁路职工入学深造，北京铁道学院在本院附设的工农速成中学专门为他们办了一个班，史称"功臣班"。

为坦、赞铁路培养人才

1967 年 9 月，中、坦、赞三国政府签订了《关于修建坦桑尼亚—赞比亚铁路的协定》。1972 年，我校发扬国际主义精神，承担了 200 名坦、赞留学生的培养任务，16 位教师赴坦桑尼亚参加筹建坦、赞铁路技术学校，并在该校任教，或者在坦赞铁路站段承担技术工作。

坦、赞留学生在观摩直观教学

坦赞铁路训练学校开学典礼

1975 年坦桑尼亚、赞比亚留学生毕业合影

专业学位教育

为加强经济建设和社会发展所需高层次应用型专业人才的培养，学校积极开展专业学位教育，招收专业学位包括 MBA、工程硕士、会计硕士、审计硕士、资产评估硕士、应用统计硕士、翻译硕士、法律硕士、工程管理硕士、公共管理硕士、金融硕士、艺术硕士、建筑学硕士 13 类。2011 年学校被评为"全国工程硕士研究生教育创新院校"，3 个专业领域获得"全国工程硕士研究生教育特色工程领域"称号。

2010 年 12 月，学校与郑州铁路局签订软件工程领域（高铁运营管理方向）工程硕士人才培养协议

2012—2014 年连续 3 年在世界经理人周刊等杂志组织评选的中国最具价值的 EMBA 和最具影响力 MBA 排行榜前列

行业高端培训

学校把为行业发展提供培训服务作为重点，相继开办了铁路局长国家统考班七期；总会计师、总经济师班十期；铁路干部专修科 12 个专业班；铁路运输综合管理班四期，为铁路培养了大批管理干部；承担了客运专线车、机、工、电专职高级技术人员培训；为各铁路局等董事单位举办了 25 个干部学历教育班；受国家铁路局、铁路总公司等单位委托，举办各类资格性与适应性培训，包括超过 1 万人次的动车组机械师及通信信号等高铁资格类培训。

四期铁路运输综合管理班被称誉为铁路运输管理系统的"黄埔班"

1998 年学校在香港开展铁路函授教育，为香港铁路培养运营管理和技术人才

学校积极开展国际培训项目，仅"十二五"期间，共完成 15 个项目，举办 23 期国际培训班，学员来自 26 个国家近 500 人。2016 年 7 月至 8 月，承担了商务部委派的培训任务，为巴西和秘鲁两国铁路政府官员和企业代表开设两洋铁路建设研修班

2016 年 8 月 1 日，第九届中国—东盟教育交流周暨第二届中国—东盟教育部长圆桌会议开幕。刘延东同志与东盟副总理级政要共同为北京交通大学牵头成立的"中国—东盟轨道交通教育培训联盟"揭牌。联盟内高校成员将建立轨道交通专业学历教育"立交桥"，互认学分、互认学历，实现联盟内高校跨区域人才培养的无缝对接等

保密人才培养

北京交通大学国家保密学院自 2011 年成立以来，招收和培养信息安全领域与保密领域专业人才 200 余名，为保密工作相关部门和人员开展保密教育培训 3 000 余人次，为中央和国家机关涉密人员轮训 7 万余人次。

第四部分

美哉交大 文化传承

文化是民族的血脉，是人民的精神家园。作为社会文化的重要组成部分，大学文化是人类优秀文化的凝聚，是一所大学的风骨，是大学在长期的办学实践中形成和创造的物质财富和精神财富总和，是大学人的精神家园。北京交通大学在一个多世纪的办学历程中，始终坚持以文化人、文化育人，不断挖掘延续百年的校园文化内涵，形成了优秀的传统、独具特色的大学精神和深厚的文化积淀，打造了一批体现学校特色、具有一定影响力的校园文化活动品牌和文化景观，是学校发展中的宝贵财富和促进发展的动力源泉。

思源致远 知行合一

"**弦**歌三世纪，风云两甲子。"北京交通大学在一个多世纪的办学实践中，始终秉承"饮水思源、爱国荣校"的光荣传统，践行"知行"校训，逐渐形成了自身独具特色的精神文化，延续百年、生生不息，成为根植于一代代交大人心中的永恒信念，这种精神文化可以集中概括为"思源致远、知行合一"，这也是"交大精神"的核心元素。

爱国进步

落其实者思其树，饮其流者怀其源。自清末建校以来，当一代代交大人坐在智慧的殿堂中，畅饮知识的甘泉时，他们从来不曾忘记这甘泉之源正是国家与学校为培养一流人才而倾注的心血。成长于这座百年学府之中，"饮水思源、爱国荣校"成为伴随交大人一生的执着追求。

五四精神　薪火相传

"五四"先锋——郑振铎

郑振铎（左二）、瞿秋白（左一）、耿济之（右一）与部分进步学生合影

青年时期的郑振铎

郑振铎，1918 年考入我校，"五四"运动骨干，首批青年团员，他与瞿秋白等联合创办《新社会》，发表小说《一个不幸的车夫》，成为"五四"新文化运动的先驱

郑振铎在演讲（周国华 绘）

"三一八"惨案烈士

爱国校友李廉祯

平院师生积极参加反帝爱国斗争。1923 年,我校校友、中共党员李廉祯在"三·一八"惨案中壮烈牺牲,时年 23 岁

陇海铁路大罢工的旗手

爱国校友游泳

"五卅"运动先锋

爱国校长朱我农

朱我农任我校校长期间,曾发生"五卅"运动和"三·一八"惨案。他支持并参加学生罢课游行的行动。在声援"五卅"运动中,被公推为北京教职工联合会主席,为北京 30 万人游行的副总指挥

游泳又名游天祥,福建闽候人,我校校友。1919 年领导了与军阀张敬尧的斗争;1920 年参加了"北京大学马克思主义学说研究会";1921 年在中共华北局领导下,组织指挥了陇海铁路大罢工;当年由李大钊、罗章龙介绍加人中国共产党;1922 年被北洋军阀政府迫害致死,时年 24 岁

读书不忘抗日救国

　　1937年"七七"事变后，北京沦陷。在极度困难的情况下，学校四次迁移，历尽千辛万苦，仍然坚持办学。虽然房舍简陋，生活艰辛，但老师认真教学，学生刻苦学习，抗日救亡，表现出战胜一切的顽强奋斗精神。

平越交大"中华民族解放先锋队"参加游行

部分"中华民族解放先锋队"队员名单

平越交大中华民族解放先锋队队员名单

姓名	性别	编号	姓名	性别	编号	姓名	性别	编号
闫宗泌	男	1	叶佩兰	女	20	宣俊亭	男	39
麻龙	男	2	张承鋆	女	21	王家林	男	40
王小鲁	男	3	晏骤瑶	女	22	林大庆	男	41
王唐生	男	4	李梅英	女	23	万蓉先	女	42
郭治然	男	5	吴安钦	女	24	晏骤定	女	43
张铖	男	6	刘松涛	男	25	余南鹰	男	44
李德滋	男	7	王方玉	女	26	胡家珏	女	45
黄铨衡	男	8	孙邦秀	女	27	李绍伟	男	46
李先芬	女	9	刘尚岳	男	28	姚垂远	男	47
袁锡侯	男	10	章守华	男	29	孙孝如	男	48
曹元钧	男	11	栾尚棠	男	30	聚先蔚	男	49
王善元	男	12	顾激芳	女	31	池际成	男	50
武可久	男	13	陈敬昭	男	32	高世钧	男	51
刘世鹤	男	14	丁兴礼	男	33	张锡宽	男	52
吴公伟	男	15	王景芳	男	34	张正缄	男	53
朱翰谱	男	16	潘德刚	男	35	刘玉清	男	54
段清涛	男	17	岳冀民	男	36	李范初	男	55
李宝汉	男	18	高步青	男	37	黄家麟	男	56
徐大德	男	19	陈远椿	男	38			

中共平越交通大学地下党党员名单

姓名	武可久	张铖	曹元钧	徐大德	李宝汉	万蓉先	蕾杰	岳冀民	章守华	刘尚岳	王芳玉	李梅英	邬存珠
性别	男	男	男	男	男	女	男	男	男	男	女	女	女
在校时间	1938.6 —39.7	1938.9 —38.10	1939.2 —40.3	1939.2 —40.9	1939.2 —40.9	1939.2 —40.9	1938.8 —39.10	1939.2 —40.9	1938.8 —39.7	1938.8 40.10	1938.8 —39.7	1938.8 —40.9	1939.2 —41.7
党内职务	党支部书记	党支部书记	党支部书记	党支部书记	党支部委员	党支部委员	党员	党员	党员	党员	党员	党员	党员
任职时间	1938.9 —38.11	1938.12 —39.10	1939.10 —40.2	1940.3 —40.9	1939.10 —40.9	1939.10 —40.9							

中共平越交通大学地下党党员名单

张铖　　　　　　　　武可久　　　　　　　　徐大德

中共平越交通大学三位地下党党支部书记

交大师生参加呼吁抗日救亡的大游行

宣传队在进行街头演讲

请求逮捕徐大德案

平越县党部密报

据密报有交大学生徐大德一名，系共党首要分子，其生处所藏各种文件、册籍甚多，职拟即联合当地军警假借其他名义予以报查逮捕，为以事关重大，未敢擅自专理，理合备文呈报敬请

签核示遵　谨呈
主任委员

平越县党部书记长许骅
29年9月5日

密报李宝汉等敌伪份子 50 人请法办案

平越县党部呈

查本县反动份子已往尚无发现，自交通大学唐山工程学院移此后，气焰突形嚣催，在本年上学期该校共党份子多至百余人，至职奉派到县后，即联合该校本党同志从事侦察工作，前往查获有徐大德一名，系属首要份子，业已密报在案，其余中坚份子，计有李宝汉等五十人，现已复查完竣。除本年上学期业经毕业离校他往者七八人外，余咸留此，彼等极为活动，似此情形，影响抗战极大。除将报已赐令按期送审外，理合造具该校反动份子名单一纸，呈请钧部签核，究应如何处理之处。敬请签核指令只遵。谨呈

省执委主任黄
附：反动份子名单一纸

平越县党部书记长许骅
29年9月25日

反动份子名单

管理系（已毕业）
徐大德、李宝汉、栾剩棠、关培、丁兴礼、潘德刚
刘询岳、李绍伟、李梅英（女）、晏源理（女）
吴安钦（女）、张承静（女）、顾激芳（女）、
周鼎鑫、王景芳、孙孝灿、姚乘远、陈敬昭（女）
武可久、王芳玉（女）、章守华、淦锡候

管理系四年级生：
黄蒙骐、万春先（女）、胡家珏（女）、李范初、李德拱、刘立绪、邵安（女）、裴秦华（女）、王家林、晏源定、李昌华。

管理系三年级生：
楼先荣、黄维荼、余南庸

管理系二年级生：
刘硕射、冯佰超、承冀、张正柯、郭成珠、侯俊吉、欧阳洞钦、杨忠义、张瑞茹（女）

土木系四年级：
林圻、尚澍、袁乃康、陈成斋。

土木系三年级：
金传娟、廖美基、郦振东、罗离。

土木系二年级：
廖学茂（女）、谢绎（女）。

矿冶系：
徐采栋

国民党特务组织密件

反对内战　迎接解放

　　1946 年，全校共有 6 名共产党员（学生曲之尚、张绪潭、陆迺震、陆元炽，教师王元化、徐大德），1947 年成立了地下党支部。在中共中央华北局城工部领导下，团结群众，开展了"反内战、反迫害、反饥饿"等运动。

告全国同学书

曲之尚　　　　　　张绪潭　　　　　　陆迺震

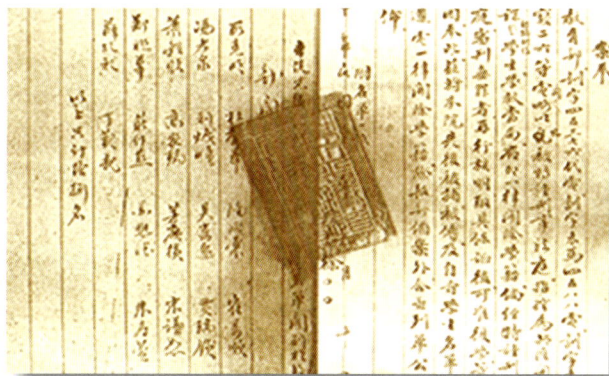

1948 年 8 月 19 日，国民党为镇压爱国学生运动，对北平高校进步学生进行了全市大逮捕。我校学生陆迺震等 12 名同学被捕，被捕人数之多，居高校之首

反对南迁　保留薪火

　　1948 年东北全部解放，10 月国民党当局感到华北局势吃紧，催促学校南迁。在中共北平地下党的领导下，广大师生开展了一场保护学校、反对南迁的斗争，最终粉碎了国民党当局南迁的企图。

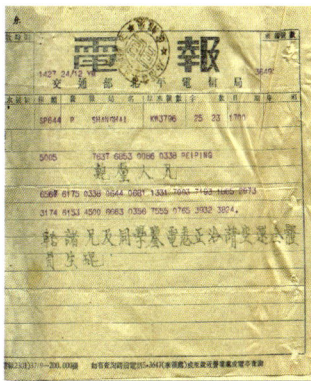 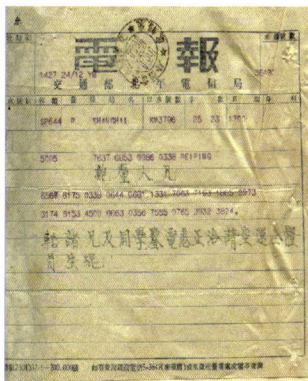 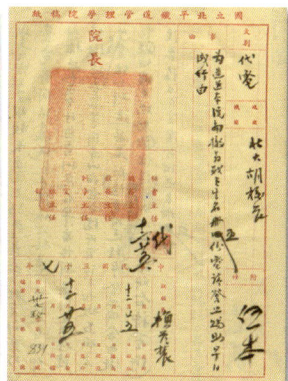 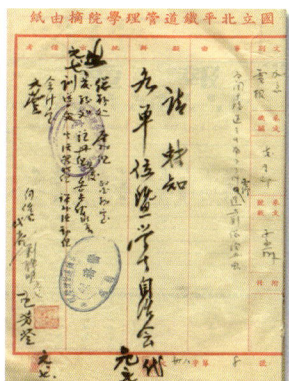

南京教育部与学校的往来电报

知行合一

校训

　　1921 年 9 月 10 日，交通大学校长叶恭绰在开学"训词"中对学与用、理论与实践的关系进行阐释，强调学以致用，让学生懂得：学是为了用。由此，渐渐形成了"知行"校训。后来校训又经过多次变更。2003 年学校恢复"知行"校训。

北京交通大学校训的变迁	
时 间	校 训
1923 年，北京交通大学校训	知行
1930 年交通大学校训	精勤求学、敦笃励志 果毅力行、忠恕任事
1952 年北京铁道学院校风	团结、紧张、严肃、活泼
20 世纪 80 年代，北方交通大学校风	团结、勤奋、求实、创新
2003 年，北京交通大学恢复使用"知行"校训	知行

本校徽章图式
正面　　背面

本校校旗图式

校训
知行

校长叶恭绰在开学典礼上发表"训词"

叶恭绰校长致词

校歌

校歌是学校办学理念、学校精神
和特色的集中体现。

北京交通大学现用校歌的词曲作者是由我国著名音乐家、作曲家王立
平教授于 1999 年创作完成的。2003 年学校恢复北京交通大学校名后，
又征得王立平教授的同意，将"北方"改为"北京"，其他都不变

平畴辽阔兮奠邦基，大陆关河万里。 农产富饶兮庶物繁，贸迁赖吾曹综理。 乐同轨之相交
之兮，驰骤遍中原大地。 河山险阻关塞庄严，固吾圉、男儿事。 欢愉当此际，青梅竹马，
数年华远大相期。 美哉我平院，山林隐城市，有珊瑚绿树交织。美哉，交大，管国家流
通之机。美哉，交大，看纵横宇内飞驰。

——梁启勋

交大平院院歌的词作者是平院教师梁启勋（中国近代思想家、政治家、教育家、史学家、
文学家梁启超之弟）于 1936 年创作的，曲作者事 Adam Geibel

北京交大，北京交大，百年辉煌，桃李天下。北京交大，北京交大，巍巍学府，温馨我家。
红果园中，承前启后，思源楼里，意气风发。团结勤奋，严谨求实，开拓创新，坚韧不拔。
交融世界，通达古今，造福社会，奉献国家。母校恩泽，如何回报？优良传统，发扬光大。
世纪呼唤，怎样应答？肩负使命，振兴中华。肩负使命，振兴中华。

——王立平

学校一直具有重视实践的传统

早在 19 世纪 20 年代，学校在"知行"校训指导下，形成了重视实践的传统。

在京张线南口站进行铁路实习

在济南机厂电机房机械实习

在西山测量教学实习

抗日战争期间，学校仍坚持严谨治学，保障学生实习。

茅以升院长带领学生实习过的葛镜桥（又称"豆腐桥"，现为全国重点文物保护单位）

北京电话东局交换机室实习基地

郑州电话局交换机实习基地

新中国成立初期学校贯彻党的"教育与生产劳动结合"方针，教育实践全面开花。

1951 年到哈尔滨实习的同学们

机械系同学在长辛店工厂实习

同学热情为旅客服务

王孝慈院长看望在铁路现场劳动的运输系学生

同学在拧闸制动敞车

运输系同学在扳道岔

改革开放以来，学校更加重视实践教学环节，
逐渐发展成为学校人才培养的特色。

学生在铁路现场实习

深入农村进行社会调研

学生在测量实习

学生在青龙桥车站实习，与詹天佑雕像合影

1984 年建 812 班在魏公村建筑工地进行 1 个月的施工实习

1991 年光明日报多次在头版报道我校与铁路共建社会实践基地

学校充分发挥专业业特色，与行业企业密切合作优势，依托"卓越工程师教育培养计划"试点专业，与轨道交通、北京区域经济发展重要行业连续开展产学联合人才培养试点工作，满足技术发展对卓越工程人才的需求。近几年来，与 60 余家企业联合培养了 350 余名学生。

机械系学生在学校机电工厂实习

研究生社会实践

北车集团研究生培养基地

学生在上海虹桥机场实践学习

我校师生现场体验高铁发展，将课堂搬进时速 300 公里的高铁车厢

天下交大一家亲

　　五所交大同根同源、心意相通，有着血浓于水的兄弟情义，五所交大的海内外校友将继续携手，团结同心、奋发努力，共同担负起"交融世界、通达古今"的历史重任。

五所交大共植同根树

2015 年 10 月，第十一届交通大学校友联谊大会暨第八届交通大学全球校友商界领袖峰会在美国加州洛杉矶隆重举行，五所交大负责人出席

五所交大共同发布《交通大学赋》

2013 年 5 月，第七届交通大学全球校友商界领袖峰会在我校举行

情系母校

　　校友组织是凝聚校友的平台，近 10 多年来，学校已成立各地校友会 16 个，海外校友会 2 个，促进了校友与母校的交流与互相支持。

2012 年 8 月 11 日，我校西藏校友会成立

*2012 年 11 月 17 日，我校北美校友会
南加州分会成立*

北京交通大学香港校友会活动

　　时光飞逝，岁月如歌，在充满回忆的校园，校友们追忆似水年华，畅叙师生情、同窗情。从 2007 年起，值年返校成为每年校友返校的传统节目。

运输学院 58 届校友返校

88 级校友返校

　　北京交通大学的发展得到了广大校友及社会爱心人士的大力支持，大爱无疆，共襄教育。自学校教育基金会成立以来共接受社会捐赠 42 158.13 万元，获得中央财政配比资金 29 472 万元，累计为学校争取资金 71 630.13 万元。

*"钱仲侯奖助学金"是北京交通大学第一个以教师名字命名的基金。
该基金由已故知名教授钱仲侯的夫人韩淑芳根据钱教授遗愿个人捐款
50 万元设立。钱教授的研究生也纷纷参与捐资。基金至今已注资 150
余万元，开创了交大个人捐赠史的先河，堪称典范*

*王玉凤于 2008 年将所获"宝钢奖优秀教师特等奖"奖金 10 万元全部
捐出设立"理学院学生创新奖励基金"，这是北京交通大学成立基金会
后第一笔由教师捐赠的基金。在王老师精神感召下，后来获得特等奖
的教师王移芝、陈后金、阮秋琦、李德才都将奖金捐出设立相应基金*

*2006 届毕业生黄超于 2014 年捐赠 50 万元设立"照坤奖学
金"。用于奖励品学兼优的大二至大三的全日制本科生*

新中国成立初期学生参加科研活动

第一次学生科学讨论会运输分组会场

电力机车专业 57 级学生在教师指导下，自己生产变压器

材料系师生进行科学研究

改革开放以来的学术文化活动

金士宣教授讲课

铁道部陈璞如部长（左一）视察学生科研活动

学生在老师的指导下开展科学实验

1998 年 9 月，英国首相布莱尔参观我校学生建筑设计模型

近年来，学校通过设立院士校园行、交大大讲堂、名师讲坛、大师面对面等学术文化活动，举办了百余场院士报告及千余场名家学术报告。

院士校园行

梁思礼院士

国务院国资委国有重点大型企业监事会主席季晓南
做客我校交大大讲堂

大师面对面

诺贝尔奖获得者、哥伦比亚大学蒙代尔教授应邀来校讲
学并与学生交流

近年来，学校高度重视学生科技文化活动，通过学术文化节、科技文化节等品牌活动，引导学生自觉主动投身科学研究，培养学生创新能力，营造创新文化氛围。

"五四"科技文化节

"五四"科技文化节已连续举办十多届，有效提升了学生的科研和创新能力

"慧光杯"研究生学术文化节

"慧光杯"研究生学术文化节起始于 1990 年，历经二十多年的发展与完善，已经成为广大研究生进行学术创新与交流的品牌学术活动

大学生创新创业大赛

学校一直将创新创业作为人才培养的重要组成部分，着力完善"创业教育—创业训练—创业实践"一体化的创新创业工作模式，学校入选首批全国创新创业典型经验高校

首届北京建造节

民乐团

文化艺术活动

大学文化艺术活动是校园文化的高度浓缩和重要体现。学校自建校以来，便高度重视校园文化活动，充分发挥艺术教育的育人作用，营造积极向上、健康文明的校园文化氛围。

建校初期的学生课余文化活动

歌咏团

雷雨话剧团

摄影学会

学生京剧表演

抗日战争期间，学校虽然几经迁徙，异地办学，但校园文化活动照常开展

"越光社"成员合影

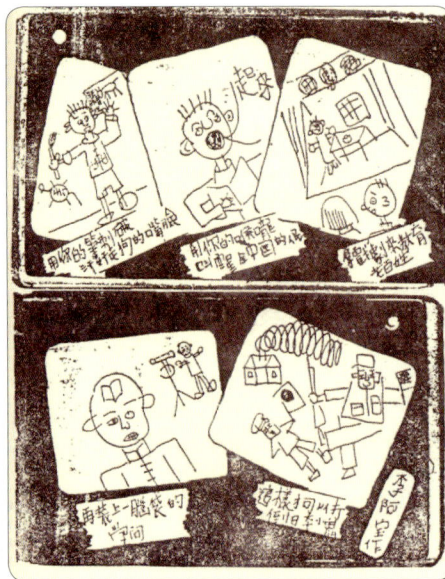
漫画学会创作的连环漫画

社团学生在平越开设的书店

新中国成立初期的学生文化活动

1960 年 3 月，校文工团 300 余名演员在人民大会堂演出"人民公社闹花灯"

1965 年，我校学生表演队参加音乐舞蹈史诗《东方红》演出

a

改革开放以来的校园文化活动

77 级学生大合唱

20 世纪 80 年代初校学生民乐队表演

学校每年举行"一二·九"系列纪念活动

1993 年，学校举行纪念毛泽东诞辰一百周年书画笔会

教职工大合唱

近年来，学生艺术团在历次全国和首都高校比赛中取得优异成绩，获全国第一、二、三、四届大学生艺术展演器乐组一等奖，并多次赴欧洲、美洲、非洲、亚洲的十余个国家及港台地区演出。我校学生排演的大学生版《长征组歌》、原创话剧《茅以升》成为学校的艺术品牌，赢得社会各界广泛好评。

由我校学生艺术团排演的大学生版《长征组歌》应邀在人民大会堂和国安剧院演出，在社会上引起强烈反响

师生精心排演的原创话剧《茅以升》是中国科协和教育部等 5 部门共同主办的"共和国的脊梁——科学大师名校宣传工程"项目之一，也是学校为青年学子精心打造的"我的中国梦"主题教育活动精品剧目，饱含交大人对老校长茅以升的深厚感情

2005 年校交响乐团在"首届北京大学生艺术展演闭幕晚会"上演出

2007 年校歌舞团参加中俄大学生艺术联欢节

2011 年学生艺术团民乐团赴韩国进行文化交流演出

学校始终把素质教育作为人才培养的重要抓手，课堂教学与课外教育相结合，邀请校内与校外专家相结合，推进素质教育取得成效。

2005 年 12 月，原中共中央政治局常委、国务院副总理李岚清来校，作题为《音乐·艺术·人生》的讲座

2006 年 6 月，教育部高等学校文化素质教育指导委员会主任杨叔子院士来校作讲座

《百家讲坛》主讲人、著名历史学者蒙曼做客我校"明湖讲堂"

学校出版的文化素质教育著作

学校开展"高雅（民族）艺术进校园"活动，邀请专业团体进行各类艺术形式的演出，全面提高了师生的文化艺术修养。

国家京剧院来校演出

中央芭蕾舞团来校演出

传统文化活动

"墨乐颂 交大情"书画音乐会

教职工"知行"书画协会

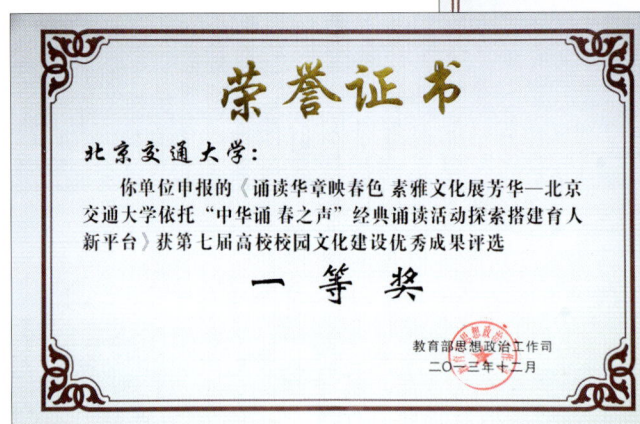

2015 年"中华诵·春之声——筑梦中国"朗诵艺术晚会

国际文化活动

自 2006 年以来，学校已举办 7 届国际文化节，搭建了文化交融平台，加深了留学生对母校、对中国的感情

留学生书画艺术活动

留学生迎新晚会

留学生汉语之星大赛

体育文化活动

大学体育可以弘扬大学精神，提高大学竞争力，其所反映出来的文化，包括制度、物质、行为、理念等，也是校园文化重要的组成部分，能够推动校园文化的建设发展。学校一直具有重视体育的传统。近年来，学校群众性体育活动、高水平运动队发展迅速，成绩喜人。

新中国成立前师生课余体育活动悄然兴起

校乒乓球队

校篮球队

国术团体及刀枪器械

国术团体演练

军体射击训练

改革开放以来师生体育活动

1980 年暑假，学校举办的铁路高校排球联赛，我校男女代表队赛后与学校领导合影留念

20 世纪 80 年代我校体操队训练的场景

学生运动会后合影留念

89 级机械系足球队合影

1994 年校运会入场式

近年来的体育文化活动

学校每年举行师生田径运动会

美国德克萨斯南方大学孔子学院男篮代表团应邀来华开展交流

各类学生体育社团活动丰富多彩

高水平运动队战绩辉煌

项目 Activity	羽毛球 Badminton	跆拳道 Taekwondo	田径 Track and Field	排球 volleyball	射击 Shooting	棒垒球 Baseball and Softball	总计 Total
世界比赛冠军 World Competition Champions	5						5
区域性国际比赛冠军 World Regional Competition Champions	16	4					20
全国比赛冠军 National Competition Champions	58	12	17	1	1	1	90
小计 Total	79	16	17	1	1	1	115

截至 2016 年 6 月我校高水平运动队在国家级以上比赛获得冠军情况统计

我校学生田卿（左）与队友赵云蕾搭档获得伦敦奥运会羽毛球女子双打冠军

2006 年 5 月，我校羽毛球队代表中国大学生出征波罗的海世界大学生运动会，夺得 6 枚金牌、3 枚银牌和 4 枚铜牌

跆拳道

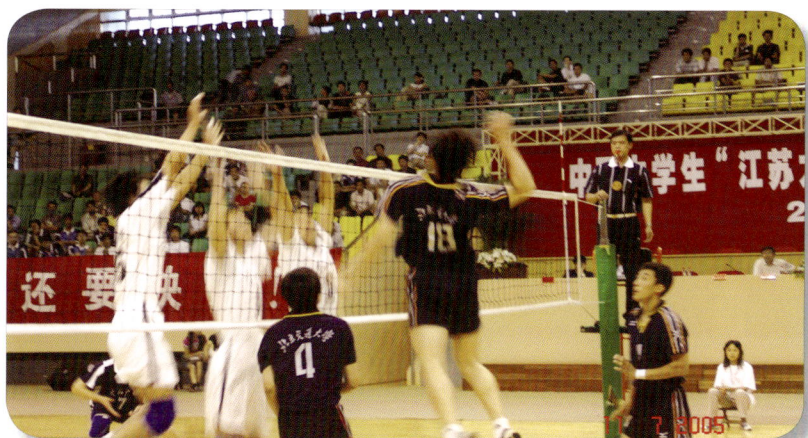

排球比赛

美哉交大 雄踞京华

文化景观往往代表着一种特定的精神，大学文化景观更是如此。从北京铁路管理传习所创建，到新中国成立初期学校由府右街迁至西直门美丽的红果园，再到 2015 年学校威海校区投入使用。在一个多世纪的办学历程中，北京交通大学建设了一大批具有自身文化特色的文化景观。思源楼前、五之墙下、芳华园内、主席像旁……交大学子身处这些特定的文化景观之中，不知不觉便熏陶了交大所特有的气质和风格。

校门变迁

校门是大学的标志性建筑之一。我校校门随着社会的发展，不断融入时代元素，反映了时代的进步和学校一个多世纪以来的历史文化变迁。

建校之初的铁路管理传习所校门

1923 年北京交通大学校门

20 世纪 30 年代府右街校门

1952 年北京铁道学院校门

1989 年以前的北方交通大学校门

现在的学校南门

校园建筑

1909年的府右街畔，几排并不高大华丽的教室内，孕育出中国第一批自己培养的铁路管理人才。新中国成立后，学校搬到了西直门外上园村，一栋栋高大气派的教学楼和学生公寓楼拔地而起，学校教学环境和生活环境大为改观。威海校区更是傍海而建，气候宜人，风景秀丽，令人神往。

选址府右街

建校初期的校园概貌。

校钟

校景

教室

迁址西直门

为适应学校的发展，政务院要求学校由府右街搬出。1951 年 6 月，铁道部拨款在西直门外上园村（现学校所在地）建设新校舍。

1953 年的礼堂

1952 年的办公楼

1951 年的教学楼

1957 年的电信楼

一校多区

1985 年建成的第八教学楼

1991 年建成的第九教学楼

1996 年建成的土木工程楼

1991 年建成的 18 号学生公寓

2014 年建成的科技大厦

海淀校区全景图

2015 年建成的威海校区（图书馆）

博物馆、图书馆

博物馆中的各类实物、图片、档案，不仅史料翔实珍贵，更全方位、多层次地勾勒出交大 120 年发展的宏伟画卷，是学校历史乃至中国高等教育历史的重要见证，是属于每一代交大人的宝贵的文化遗产。

早期的交通博物馆

1914 年创建的交通博物馆，馆址位于交通部内辅仁斋，1928 年由学校接管。考虑到原馆面积小，学校决定新建。1936 年新馆竣工，并建成环形铁道线，可做机车行驶表演。到 1937 年，陈列品总数已扩展至 8 000 余件，内容扩展为路、电、航、邮 4 部分，堪称国内一流的博物馆。

运输设备教学馆

运输设备教学馆原名为铁道陈列馆，建于 1951 年，1978 年更名为运输设备教学馆。展馆珍藏有 600 余件见证我国铁路发展历程的铁路运输设备实物、模型、图片、视频资料和可操控的通信信号设备及反映铁路设备全貌的运输综合仿真沙盘。

1914 年交通博物馆外景

1936 年建成的交通博物馆

不同时期的学生在运输设备教学馆上课

校史博物馆

学校校史博物馆，记载着学校从创建到发展、从单科型的铁路管理传习所到多科型大学，并加快奔向研究型大学的奋斗历程，也记载着学校严谨治学、注重实践和团结奋进的一贯校风。校史博物馆成为宣传"饮水思源、爱国荣校"光荣传统的第一课堂。

校史馆夜景

书画艺术展厅

图书馆

20 世纪 50 年代学校图书馆

现在的北京交通大学图书馆

校园风貌

如今的北京交通大学，基础设施完善，校园环境优美，文化景观独特，已成为北京高校"十佳美丽校园"之一。

交大八景

思源楼景，大气磅礴；
世纪钟楼，沧桑久远；
饮水思源，同气连枝；
明湖冬雪，爱知晴雪；
阡陌芳华，青草如茵；
积秀春色，翠色欲滴；
秋知银杏；一叶知秋；
百年知行，源远流长！

思源楼景

世纪钟楼

饮水思源碑

明湖冬雪

阡陌芳华

积秀春色

秋知银杏

百年知行

雕塑艺术

校园雕塑具有强大的文化价值和榜样力量，能够潜
移默化传递伟人先贤们的思想与力量，让师生的心灵在
无形中得到滋养与濡染。

毛泽东主席像

孙中山先生铜像

詹天佑先生铜像

郑振铎先生铜像

茅以升老校长铜像

石碑艺术

　　石碑艺术文化景观将伟人先贤的思想与书法艺术紧密结合，让学校师生感受他们或波澜壮阔或严谨求实的精神力量的同时，还能感受到他们苍劲有力的书法所带来的强大的冲击与震撼。石碑艺术文化景观对师生传承中华优秀传统文化精髓，培育大学生人文素养，营造浓厚的校园文化氛围起到了不可替代的作用。

"五之"文化墙

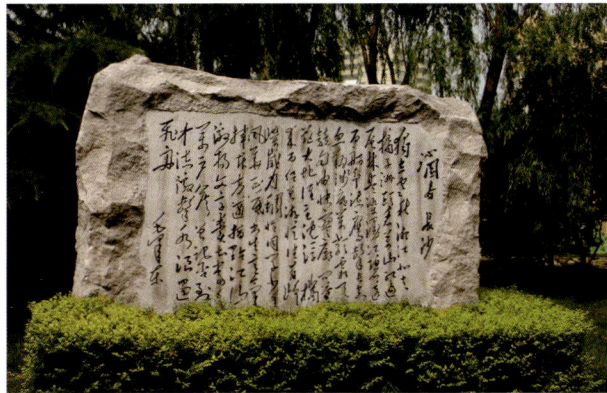

毛泽东书法《沁园春·长沙》石碑

欧阳中石书法"风正树直露润花红"石碑

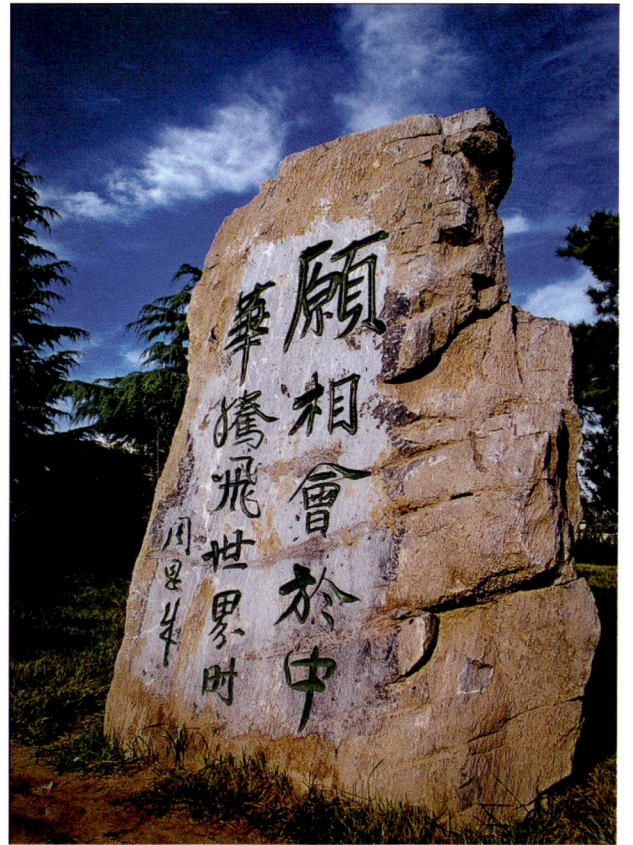

周恩来书法"愿相会于中华腾飞世界时"石碑

交大的二十四节气

春天的交大，花团锦簇，草长莺飞；夏天的交大，细雨绵绵，绿树成荫；
秋天的交大，丹桂飘香，银杏鹅黄；冬天的交大，暗香疏影，玉树银花。
这是交大的四季，这是美丽的交大。

二月四日-二月十八日
立春
正月节。立，建始也。五行之气，往者过，来者续，于此而春木之气始至，故谓之立也。立夏秋冬同。东风解冻，蛰虫始振，鱼陟负冰，难结于冬，遇春风而解散。

二月十九日-三月六日
雨水
正月中。天一生水。春始属木，然生木者必水也，且东风既解冻，则散而为雨水矣。草木萌动，天地之气交而为春，故草木萌生发动矣。

三月五日-三月十九日
惊蛰
二月节。万物出乎震，震为雷，故曰惊蛰，是蛰虫惊而出走矣。始雷而出地奋，蛰虫惊动，隐处开户而出，众蛰各潜骇，草木纵横舒。

三月二十日-四月三日
春分
二月中。分者半也，此当九十日之半，故谓之分。秋分同。阳气致而雷声发，故曰春分。日夜长短平均，故昼夜均而寒暑平，至卯而南中分。

四月四日-四月十九日
清明
三月节。物至此时皆以洁齐而清明矣。明矣，是阴阳交会之气，故先候以为云海漏日，日照雨澌则虹生焉。

四月二十日-五月四日
谷雨
三月中。清明后十五日，斗指辰，为谷雨，言雨生百谷清净明洁也。自雨水后，土膏脉动，今又雨其谷于水也。

立夏

五月五日－五月二十日

四月節。斗指東南。維為立夏。萬物至此皆長大。故名立夏也。夏。假也。物至此時皆假大也。孟夏之日。天地始交。萬物並秀。

小滿

五月二十一日－六月二十日

四月中。小滿者。物至于此小得盈滿。草之枝葉廊細者。凡物感陽而生者。則強而立。感陰而生者。則柔而靡。

芒種

六月五日－六月二十日

五月節。謂有芒之種穀。可稼種矣。晚谷、黍、稷、稷豆作可播矣。芒種之分。三候。一候螳螂生。二候鵙始鳴。三候反舌無聲。

夏至

六月二十一日－七月六日

五月中。夏。假也。至。極也。萬物于此皆假大而至極也。日長之至。日影短至。故曰夏至。至者極也。夏至日謂之朝節。婦女邊彩扇。以粉脂囊相贈遺。

小暑

七月七日－七月二十二日

六月節。暑。熱也。就熱之中分為大小。月初為小。月中為大。今則熱氣猶小也。溫風至。溫風之風至。此而極矣。

大暑

七月二十三日－八月六日

六月中。小暑後十五日。斗指未為大暑。六月中。小大者。就極熱之中。分為大小。初後為小。望後為大也。

立秋

八月七日ー八月二十二日

七月節，立，建也，物于此而揫斂也。秋，揫也，物于此而揫斂也。秋者，陰氣始下，故萬物收。清之風日涼風，西方凄清之風曰涼風，溫變而凉氣始肅也。清風戒寒是也，

處暑

八月二十三日ー九月六日

七月中，處，止也，暑氣至此而止矣。天地始肅，秋者，陰之始也，禾乃登。禾者，谷連秫稷之總名，又有林菜穀之屬皆禾也，成熟日登。

白露

九月七日ー九月二十二日

八月節，秋風金，金色白，陰氣漸重露凝而白也。白者露之色，而氣始寒也，涼風至，白露降，寒蟬鳴。

秋分

九月二十三日ー十月七日

八月中，秋分著，陰陽相半也，故晝夜均而寒暑平。雷始收聲，水本氣之所爲，春夏氣至故長。秋冬氣至故故涸也，至寒甚乃塞故涸也。

寒露

十月八日ー十月二十二日

九月節，露氣寒冷，將凝結也，鴻雁來賓。以仲秋先至爲主，季秋後至爲賓。五之氣，秋棲至爲賓爲主，惕令已行，寒露下，霜乃旱降。

霜降

十月二十三日ー十一月六日

九月中，氣肅而凝，露結爲霜矣，盧而降霜。草木黄落，色黃而摧落也，此時寒氣肅凝，陰始凝也，金之義也，蟄蟲咸俯而不食矣。

十一月七日至十一月二十日

立冬

十月節。冬，終也，萬物收藏也。水始冰。水面初凝，未至于堅也。地始凍。土氣凝寒，未至于拆。二候地始凍。三候雉入大水爲蜃。

十一月二十一日至十二月六日

小雪

十月中。雨下而爲寒氣所薄，故凝而爲雪。小者未盛之辭。天地變而各正其位，不交則不通，不通則閉塞。而成冬，古人取以爲冬也。

十二月七日至十二月二十一日

大雪

十一月節。大者，盛也。至此而雪盛矣。鶡鴠不鳴。鶡鴠，夜鳴求旦之鳥，亦名寒號，有毛羽。門死方休，鳥也，鳴則士冠，名可知矣。

十二月二十二日至一月五日

冬至

十一月中。終藏之氣至此而極也。蚯蚓結。六陰寒之時蚯蚓交相結而如繩也。麋角解。廅角解，水泉動。水者天一之陽所生，陽生而動，今一陽初生故云耳。

一月六日至一月十九日

小寒

十二月節。月初寒尚小，故云。月半則大矣。雁北鄉。二陽之候，雁將避熱而回，今則自南而北矣。鵲始巢。立春後皆歸矣。高鳥得氣之先，故也。

一月二十日至二月四日

大寒

十二月中。雞乳育也。馬氏曰：雞，木畜麗于陽而有羽，故乳在立春節也。征鳥厲疾。征，伐也，殺伐之鳥，乃鷹隼之屬。至此而猛厲迅疾也。水澤腹堅。

后记
EPILOGUE

在北京交通大学即将迎来 120 周年华诞之际，《世纪交大》画册正式出版了。画册在充分参考和借鉴《京色交大》《百年图鉴》等既有校史文化资料的基础上，力争全景呈现学校一个多世纪以来的光辉办学历程，展示近年来学校在人才培养、科学研究、社会服务、文化传承等方面取得的重要成果。

校党委副书记高福廷主持确定了整体框架与编写原则。参加各篇章编写工作的主要人员有：第一部分，宣传部宫宇、经管学院李世珍；第二部分，外联处白雁、饶芳；第三部分，档案馆高杰、宣传部宫宇；第四部分，宣传部张立学、沈岩。经管学院周婉，教务处董雪、竺超金，外联处黄庆华，宣传部张先睿、安薇，科技处王延超、杨恒，档案馆高琦等也参与了画册部分内容的图文资料收集与整理工作。运输学院 2015 届硕士毕业生张正提供了《交大二十四节气》图片。画册最后由高福廷审定。

校党委书记曹国永、校长宁滨高度重视画册编写工作，审阅了书稿并提出了指导意见。相关校领导、老同志、老专家、相关部处负责同志均对画册编写工作给予了大力支持，提出了许多宝贵意见和建议。各部处相关工作人员为画册充实了大量图文数据资料。北京交通大学出版社为本画册的出版付出了积极努力。我们在此一并表示感谢。

由于画册呈现的内容时间跨度较长，涉及学校工作的方方面面，编者又均非专职研究人员，相关研究积淀和精力投入都很有限，如有疏漏和不妥之处，望读者谅解并批评指正。

编者

2016 年 8 月